DES MONDES PEU HABITÉS

Voies rapides, poèmes, HMH, 1971.

Épisodes, poèmes, l'Hexagone, 1977.

Les Mots à l'écoute, essais, Presses de l'Université Laval, 1979.

Couleur chair, poèmes, l'Hexagone, 1980.

La Poésie québécoise des origines à nos jours, en collaboration avec Laurent Mailhot, anthologie, Presses de l'Université du Québec et l'Hexagone, 1981, Typo, 1986 (Prix France-Canada).

Mahler et autres matières, poèmes, le Noroît, 1983.

L'Hiver de Mira Christophe, roman, Boréal, 1986.

L'Écologie du réel, Boréal, «Papiers collés», 1988 (Prix Victor-Barbeau de l'Académie des lettres du Québec).

Pierre Nepveu

DES MONDES PEU HABITÉS

roman

Boréal

Cet ouvrage a été publié avec l'appui du Programme
de subvention globale du Conseil des Arts du Canada.

Conception graphique : Gianni Caccia
Photo de la couverture : Huno

© Les Éditions du Boréal
Dépôt légal – 3ᵉ trimestre 1992
Bibliothèque nationale du Québec

Diffusion au Canada : Dimedia
Distribution en Europe : Les Éditions du Boréal

Données de catalogage avant impression (Canada)

Nepveu, Pierre, 1946-

Des mondes peu habités : roman

ISBN 2-89052-489-2

I. Titre.

PS8577.E55M66   1992   C843'.54   C92-096863-5
PS9577.E55M66   1992
PQ3919.2.N46   1992

À Claudia Kür

*Quel sens pourrait avoir pour nous
un événement qui ne nous écraserait pas ?
Le futur nous attend pour nous immoler.*

Cioran

Il pensait : pas de preuves, rien, pas de causes visibles, et il supposait que cela lui était venu de plus loin que lui-même, de quelque ancêtre encroûté sur sa terre en labours, ou de tel autre qui avait prêché l'obscurantisme du haut d'une chaire et avait procréé en secret, auprès d'une servante du bon dieu, rameau déviant dont ne tenait pas compte l'arbre officiel. Il descendait d'éclopés de l'âme, ou mieux encore : de pervers mis au placard de l'oubli, et il lui arrivait de s'en glorifier. À huit ans déjà, il se prenait (comme bien d'autres, mais avec un peu plus de fanatisme) pour le Père Brébeuf aux derniers instants de sa grande aventure au pays des Hurons : il inclinait sa tête sous l'eau bouillante, il offrait ses ongles aux pointes des couteaux. À vrai dire, cette mort splendide l'excitait, comme elle excitait aussi ses petits copains sauvages dansant autour de lui la danse des guerriers, promenant sur son torse une lame rougie à quelque brasier imaginaire, tâtant son ventre, ses cuisses, et, finalement, son sexe bien durci dans la culotte. Lui-même jouant le rôle du cruel Indien découvrait d'étranges et troublants corps à corps, jusqu'à ce qu'un jour (il s'en souviendrait toute sa vie) un garçon un peu plus grand que les autres répande sous leurs yeux étonnés quelques jets d'une liqueur blanche sur le sol empoussiéré du

garage où avait lieu le supplice des pères mission-
naires.

Était-ce plutôt à onze ans, ou à treize que *cela* était
arrivé, ou peut-être un peu plus tard, quand la culture
qu'il commençait à peine à ingurgiter s'était inexplica-
blement perdue en lui, comme une eau dans le sable, et
qu'il s'était réveillé un beau matin dans l'abrutissement
le plus complet, sûr désormais de ne pouvoir jamais terminer son année de belles-lettres, tombé en panne sèche
entre le curé de campagne de Bernanos et la nième
tirade de Cicéron dénonçant l'ignominie de Catilina ? Il
ne saurait jamais la suite, ni comment Jules César avait
finalement eu raison de Vercingétorix, ni la solution au
problème des deux trains qui se rencontrent, proposé la
veille par le vieux professeur à la figure bovine qui le
fixait toujours droit dans les yeux en ayant l'air de deviner exactement à qui il avait affaire. Oui, celui-là avait
prévu la suite ou, du moins, il avait senti le mauvais
élève, le lâcheur, celui qui descend du train, justement,
au beau milieu du voyage, au moment précis où cela
devient intéressant, et qui reste là à le regarder finir de
passer et disparaître, comme les vaches et les petits
veaux qui ne voyagent jamais, qui n'ont aucun souci
d'aller au bout du monde.

Ainsi donc, rien n'avait commencé, tout avait
plutôt fini. Une cascade, une kyrielle de fins : la mort de
quelques tranquilles ou minables ancêtres, celle du Père
Brébeuf, puis Rome envolée en fumée, avec le collège,
dont il ne resterait bientôt plus pierre sur pierre. Les voix
conjuguées de sa mère et de son père hurlaient dans son
dos, dénonçant son ineptie, accusant le gaspillage
éhonté de son talent, mais rien à faire, il était devenu
sourd, il était retombé dans le sommeil profond dont il

n'aurait jamais dû sortir. Le soir de la grande décision, il s'était enfermé pour se faire couler un bain chaud (les voix le poursuivaient, les furies déferlaient contre la porte), il s'était allongé dans l'eau mousseuse en songeant qu'il aurait été bon de s'y endormir, de s'y laisser couler en douceur et que cela aurait été la fin la plus juste, la plus fidèle à ce qu'il était. Mais il ne savait pas mourir, c'était là l'un de ses nombreux problèmes (il s'en rendrait compte plus tard), il ne savait que frôler la mort, se donner l'angoisse et l'excitation de s'en approcher. Allongé dans la baignoire, il rêvait encore, et non seulement il rêvait, mais il sentait son corps pourtant froid et opaque succomber à la suprême invitation de cette langue d'eau sur lui, il sentait son sexe absurdement dressé, pitoyable drapeau brandi au moment de la pire défaite, il sentait des vagues et des typhons de désir se jeter sur lui et l'obliger à être. Il avait fermé les yeux, il était seul dans la lumière trop froide, nu dans une passion sans objet, plus forte que lui, assez forte pour le forcer à vivre et à se gaspiller encore, jusqu'à l'épuisement. « Vas-tu sortir, à la fin ! » avait crié son père qui trépignait derrière la porte. Il était sorti, au bout du compte, les jambes flageolantes, le dos un peu voûté, se faisant petit et docile, par ruse, pour mieux soutenir le lendemain un autre combat. Non, il ne retournerait pas au collège, il n'écouterait plus fulminer Cicéron, il ferait plutôt n'importe quoi, il irait jusqu'à laver la vaisselle dans les coulisses d'un restaurant de troisième ordre, parce qu'il n'était pas fait pour les grands, parce qu'il n'était pas né sous une de ces bonnes étoiles qui font les vies fastes et les morts glorieuses.

En réalité, il avait plutôt échoué chez un libraire d'occasion du centre-ville, à transporter des boîtes trop lourdes et à remplir ou vider des rayons, retrouvant au passage son curé de campagne, noyé dans des déluges de titres qu'il lirait très peu, ayant au moins provisoirement tourné le dos à toute forme d'expression et choisi le silence comme on décide d'une vocation. Il avait passé trois ans ainsi, de plus en plus accablé par cette procession d'ouvrages charriant le savoir du monde, de plus en plus conscient de son ignorance et davantage paniqué à l'idée qu'elle s'accumulait en lui à une vitesse folle et qu'elle deviendrait bientôt si épaisse et lourde que plus rien ne pourrait la remuer.

Ce qu'il pouvait y avoir devant lui, cela aussi il l'ignorait, il ne pouvait imaginer que du silence et de l'angoisse, à perpétuité. Il lui arrivait de rester assis sur une caisse entre deux rayons, et de fixer le vide dans la plus profonde hébétude. Un sanglot montait en lui, il le rentrait comme on rentre dans sa poche un mouchoir sale sorti par mégarde. Un compagnon de travail aurait pu le surprendre. Il se remettait au travail, avec un peu plus de lenteur, comme si des gestes trop précipités allaient le faire tomber en miettes.

* * *

Puis, il avait faibli. Il était tombé par hasard sur une boîte contenant des livres sur la photographie. Peut-être y avait-il pressenti une manière de demeurer encore plus fidèle au silence qui l'habitait : même un sourd-muet pouvait faire des photos, même un désespéré pouvait gober des images. Peut-être cherchait-il malgré tout à se sortir de quelque chose, sans savoir pour quelle raison ni où cela le conduirait. Il sentait en lui des désirs profonds, informes, qui se transformaient aussitôt en culs-de-sac. Il n'avait pas encore un complet mépris pour les culs-de-

14

sac. Toujours est-il qu'il s'était acheté avec ses écono-
mies un appareil-photo. À cette époque, il habitait seul
dans un appartement médiocre du centre-ville (ses
parents l'ayant mis à la porte le jour où ils avaient cru
comprendre que c'en était fini pour de bon de ses études
et de toute aspiration à un avenir un peu élevé). Dans
ses moments libres, il s'était mis à parcourir les rues, à
recueillir ici et là des images de la vie ordinaire, à capter
des visages humains, des sourires, des mines tristes, des
enfants au jeu. L'ombre d'un plaisir naissait en lui : il le
dénigrait aussitôt, en songeant à tout ce que ses photos
pouvaient avoir de banal, en imaginant les milliards
d'images produites par d'autres avant lui, et à l'instant
même sur toute la planète, les milliers de tours Eiffel ou
de chutes du Niagara, de familles souriantes et d'enfants
croqués sur le vif, tous un peu semblables, tous pris dans
le même miroir idiot promené le long des jours et des
années, à perte de temps. Mais il continuait, par un
besoin insensé de conserver quelque chose de sa lente
descente dans le noir et en sachant fort bien que, rendu
au bout, il n'aurait plus d'yeux pour voir et que son
absence définitive ne lui permettrait pas même de jeter
un regard rétrospectif sur le beau spectacle de sa diminution. De toute façon, croyait-il, ces images lui demeuraient étrangères, et leur principale qualité était précisément de ne rien dire sur sa personne.

Un jour, un de ces rares jours où il se trouvait dans
un état propice à retarder l'échéance fatale, où la petite
lueur de plaisir était plus forte que tout le reste, son
passe-temps était devenu une porte de sortie. Une
annonce dans le journal (une des rares choses qu'il lisait
encore, avec quelques magazines, et la page d'un livre
ouvert au hasard, en plein milieu), une annonce l'avait

dirigé vers l'adresse de ce même journal, et il avait presque par miracle décroché un emploi de photographe, à l'échelon le plus modeste, à peine au-dessus des chiens écrasés, simplement parce qu'on ne photographie pas les chiens écrasés. Le plus clair de sa vie était devenu une série de scènes banales, captées à répétition : des sorties d'usine dont les travailleurs venaient d'être victimes d'une mise à pied, des manifestations d'étudiants, une façade de banque après un hold-up, une rue où l'on enfouissait des fils électriques, une autre où des camions défilaient jour et nuit, disait-on, remplis de pierres énormes qu'ils allaient déverser dans le fleuve pour y créer une île, privant du même coup les habitants de tout sommeil.

Il travaillait toujours sur des histoires sans lendemain, puis on l'avait affecté à l'Exposition qui se préparait au milieu du fleuve, et ce n'était pas sa faute si sa diminution irrémédiable, son endormissement profond allaient s'en trouver sérieusement retardés. Il fallait vivre, au moins le temps d'un printemps froid et d'un été gonflé d'orages, en attendant la neige terminale, l'ultime et grandiose tempête blanche des fins d'existence. Ainsi donc, cette année-là, les images avaient déferlé, les pavillons de l'Exposition universelle naissaient parfois en une nuit, les événements proliféraient à un tel rythme qu'il semblait ne jamais y avoir assez d'yeux et d'appareils-photo pour tout voir, tout repérer, tout consigner. Il avait travaillé avec un entêtement de bête de somme au cours de ce printemps inoubliable, et il s'était fourvoyé en même temps, chose inouïe, dans une affaire de cœur, lui qui n'avait pas de cœur ou qui le gardait pour lui seul, bien rentré au-dedans, parce qu'on a besoin d'un cœur solide et bien à soi pour se soustraire proprement, pour diminuer dans les formes et disparaître sans laisser de traces. Il n'y avait jamais eu de femmes dans sa vie, sauf en rêve. Ce printemps-là, contre tout bon sens, contre le pauvre contrat qu'il semblait avoir signé avec sa mauvaise étoile (mais n'était-il pas toujours voué à tricher, à trahir ?), une femme était venue d'ailleurs, de très loin, dans ce qu'il lui restait de vie, et il ne s'en était jamais tout à fait remis, il en avait gardé les marques brûlantes et, plus tard, un souvenir glacé.

* * *

Les peuples étalaient leurs beautés dans des palais de cristal, des tours penchées, des sphères, des paquebots terrestres aux ponts suspendus sur l'abîme. Il traversait tout cela comme un rêve, ce qui avait l'avantage pour une fois d'être conforme à la vérité. Un soir, il avait passé deux heures penché sur une passerelle au-dessus de l'eau qui s'écoulait entre les deux îles : à droite et à gauche, les pavillons illuminés flottaient comme un mirage qu'il aurait pu toucher, lui semblait-il, simplement en étendant la main, s'il avait été un homme à étendre la main pour saisir. Il était seul, il n'entendait même plus la foule qui continuait de circuler d'une rive à l'autre dans l'espoir de tout voir, ni le grincement des petits trains qui serpentaient au-dessus des toits et des canaux. Seul le mugissement de ce bras de fleuve coincé entre les deux rives nouvelles lui parvenait, le prenant dans sa violence de torrent pressé de descendre et d'arriver au but. Un inconnu s'était accoudé au garde-fou à côté de lui; il avait seulement dit : « Tout ça pendant que le monde brûle ! » et il s'était allumé une cigarette, emplissant l'air privé de vent d'une fumée âcre qui avait tardé à se dissiper. Quand Jérôme pensait à l'Exposition, malgré tout ce qui s'était passé ensuite, c'était d'abord ces deux heures passées sur la passerelle à entendre mugir l'eau qui lui revenaient, avec cet homme qui semblait parfaitement cynique et désabusé.

Jérôme avait vingt-cinq ans, il n'y avait toujours pas de femme dans sa vie et il se demandait comment cela était possible. Il était une anomalie sans doute, un de ces cas dont on rencontre deux ou trois exemplaires par million. Il n'avait jamais connu la violence non plus, seulement la sainte paix, qui s'étendait en lui aux quatre points cardinaux. Après l'échauffourée avec ses parents au sujet de ses études (pauvres parents, partis vivre en Floride à longueur d'année, pour mettre au chaud leur chagrin), il était redevenu une sorte de territoire neutre. Mais quand il s'arrêtait vraiment pour se regarder ou pour écouter ce qui se passait dans ses profondeurs, il devait admettre que quelque chose remuait, qu'il se produisait en lui des mouvements lointains, des heurts, des soulèvements qui n'atteignaient pourtant jamais la surface, qui restaient là bien au fond en attendant leur sourcière.

Les femmes l'avaient effleuré, sans plus. Ou plutôt lui-même les avait à peine touchées, comme on passe la main, le bout des doigts, sur un beau meuble frais poli que l'on ne veut pas salir. À l'époque où il travaillait à la librairie qui vendait des livres d'occasion, il était sorti trois fois exactement avec une employée, une fille blonde aux yeux brun très clair qui riait souvent et qui s'occupait des commandes et des factures. Ils étaient allés deux fois au cinéma et, la dernière, ils s'étaient promenés dans la montagne. C'était un soir d'été où la chaleur stagnait sous les arbres et où même les écureuils semblaient pris de torpeur, à peine entendait-on des petits froissements et parfois un rire ou un cri mal contenu derrière un bosquet. La jeune fille s'était assise à côté de lui, sur un talus entouré d'arbustes ; elle portait une robe très légère qui laissait à découvert ses épaules un peu maigres et elle mâchonnait le bout d'un brin d'herbe, en attendant. C'était une belle scène, quelque chose de parfaitement harmonieux qui dégageait un peu de vague à l'âme. Il régnait une belle qualité de silence, mais à force de durer, ce silence était devenu insupportable. Même les mots les plus simples ne montaient pas aisément en lui ou, s'ils commençaient enfin à prendre forme au fond de sa gorge et à la racine de sa langue, il les faisait taire le plus souvent, en les jugeant futiles ou ridicules. Alors, les gestes s'enrayaient à leur tour, le mouvement de la main s'arrêtait quelque part dans la racine de l'épaule, les doigts restaient figés, comme s'ils étaient de plomb. La jeune fille regardait dans la nuit, elle était absurdement belle, d'une beauté qui se suffisait entièrement à elle-même, avec un doux parfum qui se dissipait à la ronde, vers lui et les buissons immobiles. À un certain moment (au bout d'une heure peut-être ?), elle avait dit : « Je pense qu'il vaudrait mieux qu'on ne se voie plus », et il avait très bien compris que c'était là sa condamnation sans appel, il avait senti la belle scène se déchirer, le mépris et un certain dégoût le couvrir, et il avait eu honte de ne pas avoir bougé à temps, de ne pas avoir même esquissé le mouvement que n'importe qui d'autre aurait su faire. D'un buisson, en redescendant, les petits rires d'un couple avaient résonné tout à coup, les accompagnant, les pourchassant le long du sentier, et il aurait voulu être sourd pour échapper à ce ricanement obscène qu'elle aussi devait entendre.

Puis il y avait eu cet été de l'Exposition où il exerçait son travail de photographe, et au milieu de cet univers en miniature, une femme venue du vieux continent avait tout chambardé, comme si le monde à l'envers s'était tout à coup redressé, le temps d'une fête. Des années plus tard, il lui semblait parfois que tout cela n'était pas vraiment arrivé et qu'il n'y avait jamais eu d'autre présence dans cet appartement où se déroulait sa vie (pour toujours peut-être), ce quatre-pièces sans luxe qu'entouraient le remue-ménage des voisins, la voix errante d'une concierge bavarde et les bruits nocturnes d'un bourreau de travail et de forme physique, un étudiant qui habitait au-dessus de chez lui. Mais, bien sûr, tout s'était passé comme il l'imaginait, pire encore, selon les règles du désir et de leur extinction, et s'il avait eu à raconter sa vie (ce qu'il ne faisait jamais), il aurait dû admettre que cet été-là l'avait frappé de plein fouet, comme un vrai commencement. Rien de plus vrai ne s'était produit dans sa vie, jusqu'à l'écraser.

* * *

La jeune femme se tenait debout dans son tailleur bleu, juste à côté d'un tableau qui représentait une tête antique aux cheveux ondulés et aux yeux sans pupilles, comme aveugles. La tête flottait sur une table, entre une guitare et un livre ouvert. C'était comme une tête venue d'un autre âge et d'un autre monde, très ancien, une tête bouchée qui gardait en elle, dans sa mémoire et ses pensées, la mince possibilité d'écarquiller les yeux et de se laisser éblouir par la lumière du grand jour. Le voisinage de cette tête et du beau visage de la jeune femme l'avait bouleversé. Contre toute attente, il avait plongé, comme un plongeur qui a trop longtemps attendu et qui laisse finalement son corps agir tout seul et ses muscles se relâcher comme un ressort tendu à l'extrême.

L'hôtesse en tailleur bleu expliquait des choses savantes sur Picasso, elle invitait les gens à poursuivre leur visite du pavillon vers les autres chefs-d'œuvre et vers la section des sciences (un rayon laser y transperçait de sa fine pointe verdâtre une brique de plusieurs centimètres), et elle avait répondu avec une sorte de vivacité enjouée aux questions du journaliste qui préparait une série d'articles sur la formation des hôtesses et sur leur expérience quotidienne dans une ville qui leur était, pour la plupart d'entre elles, étrangère. Aux côtés du journaliste, Jérôme prenait les photos qui allaient garnir le reportage. Au fond de l'objectif, la jeune femme aux yeux très noirs souriait pour lui seul, tandis que la tête antique du tableau gardait les yeux obstinément fermés, comme si elle rêvait. La jeune femme s'appelait Arlette Ségala et elle venait d'une ville du Midi, Montpellier, où elle avait fait des études en art. Elle avait cette manière très charmante de prononcer les « e », de dire « mille neuf cent vingte-quatre ou vingte-cinq », et ce détail avait pris pour Jérôme une importance exagérée.

Avec Arlette, il était passé de la mort douce à l'explosion de vie, presque en un instant. Il avait mal maîtrisé ce déchaînement, n'ayant pas appris à mesurer ses élans et à bien employer ses forces. Ainsi, il avait continué à se gaspiller, mais autrement, dans une sorte de rage qui tenait sans doute au fait qu'il craignait à présent de retomber dans son marasme et qu'il exagérait les mouvements, forçant la note comme un mauvais chanteur force sa voix. Il s'était jeté sur Arlette, pour ainsi dire, avec le désir secret d'effacer enfin tous les gestes qu'il n'avait pas faits, toute l'immobilité hébétée dont il avait fait son pain au cours des années. Il commençait enfin à être jeune, lui qui n'avait jamais su comment faire ni même ce que cela voulait dire.

* * *

Les princes d'un autre âge défilaient, des monarques agitant leurs gants blancs et promenant leur sourire et leur solennité sur ce royaume hors de ce monde. Les pages du journal en étaient pleines, et lorsque les princes avaient donné ce qu'ils pouvaient, lorsque le grand Président lui-même, venu par mer comme un découvreur, descendu sur terre comme un messie, était reparti en laissant derrière lui l'écho souverain de sa voix, après le faste et les dernières trompettes, le monde s'était comme toujours remis à grimacer et à brûler, le journal où les photos de Jérôme paraissaient étalait une fois de plus ses manchettes noires, ses titres sanglants, avec des images de ghettos qui flambaient ou d'enfants aux yeux bridés courant sur une route pour échapper à l'enfer.

Tout un été à courir d'un événement à l'autre, à immortaliser des foules anonymes et des cérémonies officielles, mais toujours il y a ce pavillon vers lequel Jérôme revient, comme si la vie n'était plus qu'une série de grands cercles qui reviennent sans cesse à ce paquebot qui brille dans la nuit. Un soir, sous un petit pont, tandis que glisse sur ses rails une rame de wagons emportant des voix et des rires, Jérôme embrasse Arlette et glisse une main nerveuse dans sa blouse rendue phosphorescente par l'éclairage des lampadaires, et la douceur des seins humides dans la nuit le fait frissonner comme si un grand froid passait dans tout son être. Il connaît mal cette femme et pourtant il sait avec certitude qu'elle est sa planche de salut, il se laisse secouer et briser, il se perd dans sa voix et, dans le long silence qui suit, il n'y a plus l'angoisse épouvantable et ce poids rocheux sur l'âme, mais un mouvement irrésistible vers les seins doux et humides qui glissent sous ses doigts et emplissent sa main. C'est comme si son propre corps n'avait jamais existé que dans une sorte d'infinie solitude, un corps d'emmuré vivant qui découvre soudain qu'il y a là au dehors, tout proche, un paysage immense, impossible à circonscrire et à dominer. Cette nuit-là, dans la chambre de son appartement médiocre du centre-ville, le corps d'Arlette n'en finit plus de l'appeler, de gémir doucement à mesure qu'il s'avance en elle, qu'il pénètre presque douloureusement cette fissure qui s'ouvre et par où toute sa vie voudrait se déverser et s'élargir.

* * *

Tout s'est passé si vite avec elle. Un soir de septembre, au bord de l'automne déjà froid, sous une Grande Ourse presque éteinte, Arlette se tord le cou pour contempler le ciel, elle s'appuie dangereusement le dos à la rampe du balcon pour mieux scruter le zénith, elle soupire : « J'aimerais bien voir une aurore boréale », elle paraît songeuse tout à coup et mal à l'aise, il sent que cette exploration du ciel n'est qu'un alibi pour ne pas aborder un autre sujet, il sait depuis le début qu'elle doit repartir et il imagine que c'est de cela qu'elle n'ose pas parler, cette échéance du mois d'octobre (ou au mieux novembre, ce onzième mois où l'on s'emmure après le soleil et les dernières couleurs, où l'on rentre dans son trou par prudence, avec les mots qui restent et quelques pauvres images). Elle a posé les mains sur ses épaules à lui, il sent comme un courant chaud qui descend vers sa poitrine et son ventre, il la désire une fois de plus et davantage encore quand elle lui prend les mains, avec une douceur particulière, pour les poser lentement sur son ventre lisse, il se dit que cela fait tout oublier, même l'imminence de son départ, puis elle dit : « Laisse tes mains-là, ne bouge pas », et elle attend, elle regarde au loin et puis en bas vers la cour délabrée avec sa vieille clôture de planches, son tas de pneus, et ce tricycle garé contre un amas de ferraille avec lequel il tend à se confondre. Elle a relevé les yeux, Jérôme les voit qui brillent d'un feu qu'il n'a jamais vu, quelque chose venu du dedans les anime et elle dit encore : « Ce serait curieux si tu sentais quelque chose... », et bien sûr qu'il sent quelque chose, comment pourrait-il en être autrement ? Mais soudain, lui qui est toujours lent à comprendre, qui a toujours besoin de points sur les i (sans doute parce qu'il s'est habitué à ne pas se comprendre lui-même, à ne pas entendre ce qui parle au fond de sa propre tête), il comprend d'un seul coup, en un éclair, que ce *quelque chose* n'est pas une façon de parler, il en saisit l'étrangeté et en même temps l'évidence, ce ventre sur lequel sont posées ses mains ne sera plus jamais le même, il n'est plus question de départ mais d'arrivée, et ça couve là, invisible, ce quelque chose qui va devenir quelqu'un, ce noyau infime qui n'a pas encore de membres, pas même encore l'ébauche d'une petite tête — et en effet, il a l'impression que ça bouge déjà, ou bien ce sont ses propres mains qui tremblent, tandis que des cris d'enfants qui ne veulent pas rentrer se coucher résonnent dans la ruelle, et que le ciel continue de blanchir ses myriades d'étoiles, à pleins flots de lumière qui monte. Et rien, absolument rien ne pourrait le laisser augurer du pire, ne pourrait lui avoir chuchoté à l'oreille, à cet instant, que c'était là le commencement d'une nouvelle fin, que cette naissance qui venait serait aussi sa mort lente et interminablement différée, à travers trop d'automnes implacables et trop de printemps sans promesses, le trouvant toujours plus loin dans le trou qu'il se serait lui-même creusé, pour retarder l'échéance.

* * *

Ainsi donc il s'était engouffré dans Arlette, puis il s'était engouffré dans l'enfant si vite venue, une petite fille au visage bouffi et ratatiné qui s'était défroissé peu à peu pour ouvrir des yeux qui ne voyaient encore qu'à peine, surtout pas les choses qui font notre monde ni la haute silhouette de l'homme qui se penchait sur elle. Il avait eu une passion anormale pour cette enfant, bizarrement baptisée Léa, comme un lointain personnage de livre de lecture, depuis longtemps oublié à la petite école. Léa : on aurait dit que c'était le seul nom possible, le seul qui s'imposait à lui comme si tous les autres s'étaient effacés de sa mémoire, et Arlette avait bien voulu s'en accommoder. Il avait cru pendant longtemps qu'il ne viendrait aucun enfant dans sa vie, comme d'ailleurs aucune femme, et maintenant que le destin le détrompait, Jérôme se sentait dépassé, autant par lui-même que par les événements. Tout s'était précipité, et il rentrait chaque soir de sa chasse aux images avec une sorte de hâte et d'angoisse, comme s'il avait été possible que tout cela ne fût qu'une erreur. Il lui fallait vérifier si Léa existait bel et bien, avec ses poings fermés encore incapables de saisir quoi que ce soit, et ses gargouillis, ses filets de salive sur le menton, ses yeux tournés vers les ombres et les bruits. Dès le premier jour, en apercevant son petit visage rouge et boursouflé, il avait eu cette idée un peu folle de prendre d'elle une photo quotidienne, de constituer un album qui permettrait de suivre de jour en jour son développement. Il tenait ferme à ce projet, il se penchait chaque soir sur Léa comme pour capter son existence en une seule image, guettant son premier sourire, immortalisant son premier éclair de conscience, saisissant la lente évolution de ses traits qui s'affinaient, et chaque fois les yeux du bébé se remplissaient d'étonnement dans la lumière trop vive de l'appareil braqué sur elle. Puis, après lui avoir imposé cet instant un peu cruel, il la prenait dans ses bras en éprouvant toujours le même plaisir de sentir contre lui sa chaleur, et ses cheveux soyeux contre sa joue, son souffle dans son cou, son poids encore léger sur son bras, et il aurait voulu éterniser ces moments-là plus encore que les autres, demeurer à perpétuité debout au milieu de la pièce en se balançant un peu, avec l'enfant qui dormait au creux de son épaule et qui s'en allait déjà au plus profond du pays des rêves, avec quelques soubresauts. Il se sentait comme un homme qui, ayant traversé un désert, boit longuement à une source et s'étonne que ce soit si simple et si bon. La nuit, il se réveillait parfois en sursaut et il allait, sur la pointe des pieds, s'assurer que tout était normal, entendre le flux régulier de la respiration, ce qui ajouté aux réveils causés par le bébé lui-même, l'avait épuisé, comme d'ailleurs Arlette qui avait autant que lui le sommeil léger et qui sursautait au moindre craquement du plancher. Ils avaient déménagé dans un logement plus grand et à peine plus cher, dans Côte-des-Neiges, mais ils étaient tombés sur des planchers qui craquaient tout autant, et ces craquements devaient résonner bien après, quand il allait se retrouver seul comme son propre fantôme devant un berceau vide et un lit abandonné, allant et venant et reproduisant à chaque pas, au cœur d'insomnies terribles, ce bruit sinistre qui avait été dès le commencement une sorte de présage, lui semblait-il.

* * *

Ainsi donc, il devait y avoir une nouvelle fin, plus mortelle que toutes les autres, ce devait être écrit dans les lignes de sa main, ou c'était le jeu sournois d'un lointain ancêtre qui se poursuivait jusque dans ses fibres les plus secrètes, le condamnant à mourir plusieurs fois, puis à revivre et à mourir encore, alternativement, mais cette fois c'était fatal, la grande glissade, la plongée à vingt mille lieues sous les mers en attendant que les tympans enfin éclatent et que le cœur soit tout à fait broyé. Presque vingt ans à descendre, ou à flotter entre deux eaux, au jour le jour, en se disant que même mourir vraiment aurait exigé plus de courage que cela, une sorte de détermination froide qu'il n'avait pas, ou qu'il avait durant de trop courts instants, de sorte qu'il n'aurait jamais eu le temps de mettre au point tous les préparatifs et qu'il aurait inévitablement changé d'idée avant de repousser du bout du pied la chaise du pendu ou d'insérer dans le barillet du revolver la dernière balle, celle qui prévient désormais toute possibilité de roulette russe et vous assure l'éternel repos. Il n'avait pas la trempe des suicidés, et s'il l'avait eue, la vraie fin (celle dont on ne revient pas et dont on ne peut même plus parler), elle aurait eu lieu bien avant, au moment où il avait senti inévitable la séparation d'avec Arlette et où l'image insistante de Léa coupée en deux par le terrifiant couteau du roi Salomon avait commencé de lui apparaître dans un rêve toujours répété. Elle était couchée, elle dormait au fond de son petit lit sans se douter de rien,

allongée dans des prairies enchantées où surgissaient des
fées dont les robes blanches ondulaient avec l'herbe en
un seul mouvement très gracieux, les fées venaient se
pencher sur elle pour la couvrir de vœux, puis soudain
les yeux de l'enfant s'écarquillaient à cause du danger, le
visage d'un roi mauvais venait d'apparaître, il tenait
cette chose étincelante dans sa main droite, avec une
longue lame recourbée que le soleil embrasait, il la brandissait avec le parfait sérieux d'un juge qui a pris une
décision sans appel. Tout se passait très vite, il n'y avait
aucun sang, aucune éclaboussure, pas de protestations ni
de lutte, seulement deux yeux écarquillés qui s'éloi-
gnaient l'un de l'autre et n'appartenaient déjà plus au
même visage, seulement Léa dont les deux moitiés
retombaient en silence comme un fruit bien séparé. La
douleur qui restait, vive et poignante, ce n'était même
pas celle de l'enfant, c'était une douleur sans corps ni
lieu, qui durait toute seule, une sorte de fantôme dont on
sent confusément la présence et qui vous réveille en
pleine nuit, alors qu'il n'y a rien, seulement un rideau
qui bat au vent devant la fenêtre laissée ouverte.

Parfois, dans les années opaques où il s'enfonçait, il
se demandait pourquoi ce n'était pas lui qui était parti
avec Léa, l'enlevant en pleine nuit pour lui éviter le
jugement de Salomon. Il serait allé avec elle vers l'ouest
ou vers le sud, au delà des frontières, et ils auraient
voyagé ensemble pendant toute une vie, ne se fixant
nulle part comme deux hors-la-loi craignant d'être
découverts, allant de ville en ville, de motel en motel,
partageant les mêmes émerveillements devant des
paysages à couper le souffle, mangeant en tête à tête au
bord des autoroutes tout en ayant ces longues conversations qu'ont parfois les pères et les filles quand ils se
retrouvent seul à seul et que tant de choses de la vie

restent à comprendre et à connaître. Il semblait à Jérôme que, seul avec Léa, il aurait enfin appris à parler, il aurait une fois pour toutes échappé à cette pesanteur inerte qui le prenait parfois si fort au dedans. Avec Léa, au fil de voyages à perte de vue, il aurait peut-être trouvé les mots simples et le paysage où on les prononce, une étendue de terre et de lumière où le cœur s'apaise et la raison se repose.

Mais, un jour néfaste de juin, le couteau du grand roi s'abat enfin, et ce n'est pas le couteau qu'on attendait, c'est le monde qui est coupé en deux et c'est soi-même qui s'enfonce du mauvais côté, dans sa moitié noire et sans paroles. Parfois, il avait l'impression de pouvoir revivre de seconde en seconde, dans les plus infimes détails, sa rentrée dans l'appartement ce jour-là, il revoyait trois enfants qui jouaient dans l'allée conduisant aux garages, une fillette et deux garçons dont l'un portait un t-shirt de couleur rouge, puis il y avait une bicyclette laissée en travers du trottoir. Il ouvrait la porte d'entrée, il remarquait une fois de plus la fissure dans le coin inférieur droit de la vitre, il montait marche à marche l'escalier fatal, en entendant comme d'habitude des bruits de radio ou de télévision, des voix qui haussaient le ton, et en respirant les odeurs des repas du soir qui commençaient à filtrer sous les portes et à se mélanger les unes aux autres dans la cage sombre de l'escalier. Puis il avait tourné la poignée de la porte qu'Arlette ne verrouillait jamais durant la journée, et sans se douter de rien il l'avait poussée en prévoyant les cris, les mots drôles, les bouts de phrase que Léa savait déjà très bien dérouler, en sachant qu'elle allait se précipiter vers lui dans le couloir et que ses petites chaussures martèleraient le plancher de bois qui craquait. Au fond, la cuisine brillait dans le soleil de cinq heures du soir et le rideau de la fenêtre se soulevait légèrement. La table était vide sauf pour une revue laissée ouverte, et un verre où il devait y avoir eu du lait. Il avait cherché une note, un message quelconque, étonné et mécontent de constater qu'elles étaient sorties : mais comme il faisait beau, Arlette se trouvait sans doute dans le parc voisin avec l'enfant. Il avait quand même fait le tour des pièces, par acquit de conscience, n'entendant que le bruit de ses propres pas dans le corridor, à gauche il y avait leur chambre à lui et à Arlette (bien que souvent, ces derniers temps, il eût couché sur le divan du salon), et plus loin il y avait la petite chambre de Léa, il y était entré comme tant de fois auparavant, comme à l'époque où elle ne marchait pas encore et où il venait le soir se pencher sur son lit dans lequel elle tétait un biberon, pour lui faire des risettes et pour prendre une nouvelle photo. Le lit était vide, naturellement, mais un peu plus vide qu'à l'ordinaire, sans l'ourson ni le hochet ni la petite poupée rouge qu'on pouvait enfiler comme un gant et qui faisait rire Léa quand Jérôme l'agitait devant elle et la faisait parler. Il s'était dit que c'était bizarre, qu'elle n'était quand même pas partie au parc avec tous ces objets, et c'est en mettant le pied sur le seuil de la chambre pour sortir qu'il avait soudain éprouvé une pointe d'angoisse, comme un vertige qui vous frappe sans crier gare et vous aveugle, et il faut s'appuyer à un mur ou au cadre de la porte, sinon on risquerait de tomber jusqu'au troisième sous-sol et plus loin encore, du haut de la montagne où l'on est. Il avait reculé au bord de l'abîme, il s'était précipité à nouveau dans la chambre en titubant, et il avait tiré si fort le premier tiroir de la commode que celui-ci était sorti de ses glissières et s'était renversé sur le sol à ses pieds, avec deux maigres paires

de chaussettes et un pyjama d'hiver. Alors il avait ouvert
en catastrophe les autres tiroirs dans un effort dérisoire
et désespéré pour trouver des indices contraires, ou
simplement pour faire quelque chose, car déjà il perdait
la tête et le vertige le gagnait, il s'était cogné l'épaule en
sortant, il n'était plus qu'une suite de réflexes mal
coordonnés mais suffisants pour le faire tourner à droite
dans l'autre chambre et ouvrir toute grande la porte du
placard devant une bonne douzaine de cintres vides, et
bien plus tard il se souviendrait de leur cliquetis métallique sous sa main qui les avait balayés violemment, avec
quelques blouses et des jupes qui restaient là à se
balancer, puis il avait reculé vers le lit et y était tombé
à la renverse, les yeux grand ouverts, en croyant que le
temps s'était arrêté et qu'il ne pourrait plus jamais se
relever.

Peu après, il s'était pourtant retrouvé sur ses pieds
en sachant de moins en moins ce qu'il faisait, et maintenant il redescendait l'escalier à travers les odeurs de
repas et le bruit des familles, il marchait comme un
homme ivre sur le trottoir et il manquait de trébucher
contre la bicyclette abandonnée, puis il continuait vers
le chemin de la Côte-des-Neiges qu'il traversait dans un
tintamarre de klaxons et des crissements de freins pour
aller s'appuyer contre la clôture entourant le terrain de
jeux des enfants. Quelque chose en lui, absurdement,
espérait encore s'être trompé, Arlette et Léa allaient
d'un instant à l'autre apparaître au détour du pavillon et
se diriger vers les balançoires, et Léa allait tomber
comme souvent lorsqu'elle courait sur un terrain inégal
et c'était lui qui se précipiterait pour la relever et pour
l'asseoir en rabattant devant elle la barre d'appui.
Quelques enfants se balançaient à toutes volées dans la

section des plus grands et leurs cris lui faisaient mal sans qu'il pût s'éloigner d'eux. La nuit tardait infiniment à venir, il souhaitait qu'elle tombe tout de suite, plus noire que toutes les nuits, sans lumières et sans la moindre étoile, sans enfants qui crient ou qui pleurent parce qu'ils jouent encore et ne veulent pas dormir. Quand la nuit était enfin venue, il avait marché au hasard dans tout le parc, croisant les promeneurs des soirs d'été, avant de s'asseoir sur un talus, se sentant vidé de tout, même des larmes qui auraient pu couler et qui tardaient à monter. L'idée de rentrer à nouveau dans l'appartement vide le terrorisait, et plus tard c'était la seule chose dont il ne se souviendrait pas, ce moment où un reste de force qui lui appartenait à peine avait dû le reconduire à sa porte et le jeter tout habillé sur le lit, peut-être déjà à la pointe du petit matin.

* * *

Dans les jours et les semaines qui avaient suivi le départ d'Arlette et de l'enfant, la rage avait occupé tout son temps, il n'avait eu qu'à se laisser faire, à laisser entrer en lui le tumulte. Mais cela n'avait finalement qu'aggravé son cas. Dans la lettre laissée par Arlette sur la table de nuit et qu'il n'avait trouvée que le lendemain, au sortir de son hébétude première, il était question de sauve-qui-peut, elle prétendait ne pas avoir eu le choix, c'était elle ou c'était lui qui allait le faire (comme elle prétendait d'ailleurs qu'il l'en avait menacée). Et peut-être en effet l'en avait-il menacée, il ne se rappelait plus les mots exacts et terribles qu'ils s'étaient échangés, parfois en pleine nuit, quand il devenait clair que plus rien n'était viable entre eux, que son désir pour elle s'était éteint, ce qui la rendait furieuse et menait à des condamnations sans appel. Ce n'était quand même pas une raison pour fuir de cette manière, il y avait des lois ou il aurait dû y en avoir (même quand il n'existe pas de documents signés, authentifiés, avec sceau et signatures), mais tout en lui se bousculait, il faisait les choses à l'envers, il s'était presque aussitôt précipité à son tour vers l'aéroport (après quelques vains coups de téléphone à la famille, là-bas à Montpellier), étouffé par une colère qui semblait inépuisable et enflammait toute sa vie.

Les jours à Montpellier l'avaient rendu presque fou et il s'en était fallu de peu pour qu'il se retrouve à la fin dans un commissariat de police, inculpé pour avoir troublé la paix publique. La famille n'en pouvait plus de ses allées et venues, elle se sentait observée, traquée jusque chez elle, car il lui arrivait de rester des heures debout dans la rue à guetter, au risque d'inquiéter des voisins qui auraient pu le trouver louche, et même s'il savait bien qu'Arlette n'avait pas été assez bête pour trouver refuge chez ses parents. Mais eux, le père et la mère aux visages suaves et impassibles, ils ne pouvaient quand même pas ignorer où Arlette se cachait avec leur petite-fille, ce qui fait qu'il les avait bel et bien harcelés après sa première et unique visite où on lui avait entrouvert la porte sans tout de suite le reconnaître, malgré les photos qu'on avait vues de lui. Mais une fois reconnu, il ne pouvait qu'être perdu, d'autant plus qu'il ne s'était pas bien comporté et en était vite venu aux injures et aux menaces.

Il logeait dans un hôtel près de la gare, en face il y avait un petit parc avec une fontaine et un enclos fleuri, interdit aux chiens mais où il y avait toujours des chiens. Jérôme les entendait aboyer la nuit, entre les sifflements des trains qui passaient, il se demandait lequel conduisait

à la ville ou au petit village où Léa dormait à poings
fermés et se réveillerait le lendemain matin pour sourire
à sa mère, ne se rendant compte de rien, croyant que
papa reviendrait bientôt ou n'y pensant même pas, avec
cette insouciance cruelle des enfants de deux ans. Il
avait marché dans la ville pendant des jours, à passer et
repasser comme un idiot par la vieille rue où habitaient
les parents d'Arlette, n'y faisant le pied de grue une
heure ou deux que pour repartir au hasard, en espérant
absurdement qu'à force d'errer, quelque chose de ce
mystère s'éclaircirait ou, mieux encore, qu'il apercevrait
contre tout bon sens, au bout d'une rue étroite, Arlette
et l'enfant déambulant tranquillement vers chez elles et
ne se doutant de rien. Il ne croisait que des inconnus,
des enfants qui jouaient au ballon, des femmes qui
rapportaient des provisions dans leur filet. La lumière de
l'été rendait les rues éblouissantes, il avançait à demi
aveugle vers l'intersection suivante, il prenait au hasard
à droite ou à gauche et il se retrouvait de temps à autre
sur la grande place, face aux Trois Grâces toutes blanches, figées dans leur danse sous les jets d'eau retombant
dans un bassin. Ou bien il débouchait à l'autre bout sur
des jardins, après avoir gravi les rues en pente en suant
à grosses gouttes. Il s'arrêtait épuisé sous les platanes, il
se sentait pris de peur devant ce paysage immense impossible à explorer, sans autre recours que de faire demi-tour
et de redescendre se perdre dans un dédale de rues qui ne
livreraient aucun secret. Le paysage s'étendait jusque
loin au delà des limites de la ville, il devait receler un
nombre effarant de villages, de hameaux, de maisons
perdues. À l'horizon, des montagnes pâles dans la brume
de l'été. Il y jetait un dernier regard dans l'espoir vain de
trouver du repos dans cette immensité. À force de vaga-

bonder, il avait fini par ne plus savoir ce qu'il éprouvait au juste, une force le poussait mécaniquement de lieu en lieu, parmi des repères qu'il commençait à reconnaître et qui en devenaient d'autant plus absurdes : une église au détour d'une ruelle, un édifice aux allures de forteresse ou de prison, une boutique dans laquelle se trouvait toujours le même artisan qui décorait de la poterie, ou cette plaque qui se trouvait plus haut dans la rue où habitaient les parents d'Arlette, et qui parlait à sa grande surprise du marquis de Montcalm parti de cette maison pour aller se battre et mourir sous les murs de Québec. Mais qu'est-ce qu'il en avait à faire, du marquis de Montcalm, comme de tout le reste : cette place de la Comédie qui lui riait au visage, ces jardins donnant sur des montagnes aux allures de mirages, et ces rues aux noms inconnus qui se nouaient et renouaient comme à plaisir ?

Malgré les menaces de porter plainte proférées par le père Ségala devant la porte d'entrée un jour où il faisait une fois de plus le guet, Jérôme s'était rendu en désespoir de cause à la préfecture de police, sans obtenir rien qui vaille après avoir été reçu avec sympathie par un employé à moustache qui avait avoué son impuissance. Des histoires comme la sienne, toutes ces batailles féroces autour d'un enfant, devenaient trop fréquentes à notre époque et il ne fallait pas compter sur les autorités pour ratisser la campagne. C'était les mots que l'homme de la police avait employés, prononcés sur le même ton chantant que celui d'Arlette : « ratisser la campagne », un ton qui avait quelque chose d'absurde et de désespérant.

La dernière nuit, Jérôme était resté accoudé à la fenêtre de sa chambre, à voir tourner les taxis devant la gare et à entendre les grincements des trains qui déchiraient la ville. Là-bas, juste un peu plus loin de l'autre côté des rails, il savait qu'il y avait la mer, et cette idée le rendait triste : la mer, celle-là ou une autre, il ne restait que cela, une étendue déserte aux confins des lieux habités. Il tendit l'oreille en croyant entendre le bruit des vagues mais il sut qu'il se trompait et que seul le murmure de la ville s'étendait au delà des rails. Puis un autre train arriva en sifflant et un chien solitaire hurla dans la nuit.

* * *

Il était rentré à Montréal épuisé et il avait cru un moment pouvoir tourner la page et recommencer à neuf, en se disant que, tôt ou tard, Arlette redonnerait sûrement signe de vie, elle finirait par lui écrire et par reconnaître que c'était une folie d'être partie de cette manière. Elle lui dirait : la petite a six ans, ou huit, elle va à l'école, elle a une petite tête frisottée comme moi, mais son nez droit, son menton en galoche, c'est bien le tien, c'est tout à fait celui de son père. Il aurait été heureux d'apprendre que Léa savait déjà lire et écrire, et qu'elle commençait à apprendre la géographie en coloriant des cartes de l'Europe et de l'Amérique. Et, bien sûr, elle aurait connu son existence à lui, très loin au delà de l'océan, dans une grande ville au bord d'un fleuve. Mais Arlette n'avait jamais donné signe de vie, au point qu'on aurait cru qu'elle était morte, et peut-être Léa avec elle.

Le pire pour lui était d'avoir renoncé à ses recherches, de ne plus avoir écrit aux parents Ségala. Il en ressentait de la honte, c'était le signe qui l'accusait le plus sûrement, et il s'était mis sournoisement à se recroqueviller, à se tasser, sans tout de suite se rendre compte de la gravité de son état, et en comprenant encore moins que c'était là pour lui une nouvelle façon de ne pas mourir. Dans la logique néfaste qui l'habitait, il avait fait ses adieux au journal pour lequel il travaillait et il s'était ouvert un petit studio de photographe dans la Côte-des-Neiges, il avait vécu en étranger parmi les étrangers, il avait vu défiler les clients, des hommes au visage rude venus de pays dévastés, des familles entières avec des enfants qui pleuraient et qu'il fallait convaincre de sourire, en brandissant un ourson ou une marionnette. Avec le temps, photographier les enfants ne le faisait même plus souffrir, il y déployait plutôt une sorte d'acharnement qui devait ressembler à de l'amour, puisque les clients semblaient heureux et lui revenaient, de sorte qu'il voyait les enfants grandir et les visages de leurs parents vieillir en même temps.

Les samedis de belle saison, il faisait des photos de mariages. Il ne sortait plus guère du quartier, sauf pour ces cérémonies au Palais de justice ou dans des églises lointaines, suivis de séances de poses parmi les massifs floraux du Jardin botanique, toujours vus sous le même angle, ou parfois dans cette île sur le fleuve où avaient lieu certaines noces et où les mariés tenaient à figurer dans un décor de paradis terrestre, au bord d'un étang couvert de nénuphars, dans des poses qui faisaient sourire les curieux observant la scène du haut d'un petit pont.

* * *

Puis les années s'en allaient, il y avait bien longtemps que Jérôme avait cessé d'espérer une lettre et, quand elle arriva, il se trouvait déjà au delà de lui-même, dans la mémoire glacée et un peu honteuse de ce qu'il avait été. La nuit précédente, il ne s'était endormi qu'aux petites heures, avec le sentiment de lutter contre un esprit malfaisant qui pesait sur lui et qu'incarnait en l'occurrence son voisin d'en haut, un étudiant qu'il connaissait de vue et dont le nom avarié (comme la plupart des autres, à cause de lettres tombées ou volontairement omises par manque d'espace) figurait sur le tableau des locataires dans le hall d'entrée. Ce Marc Melville l'avait donc une fois de plus empêché de dormir, on aurait dit qu'il traînait des objets lourds, des boîtes ou un fauteuil à travers sa chambre qui se trouvait exactement au-dessus de la sienne.

À cause du bruit, Jérôme avait fini par dormir plus tard que d'habitude et c'est la voix de Marie-Lourdes, la concierge toujours au poste de grand matin, qui l'avait saisi hors du sommeil. Elle devait parler à un locataire, ou à une voisine, il l'imaginait aisément appuyée à son râteau ou à son balai, un peu déhanchée, son gros visage noir brillant d'excitation à cause de l'histoire qu'elle racontait. Jérôme le connaissait fort bien, l'envoûtement des histoires de Marie-Lourdes, qui concernaient presque toujours l'innombrable cohorte des locataires qu'elle avait connus, débarqués comme elle de quelque pays vidé de son sang, navigateurs au long cours sur des barques perdues, familles à la dérive ayant mis le cap sur la Grande Ourse et l'étoile Polaire, sans compter les autres, tous ces gens qui débarquaient seulement d'un autre quartier ou d'une autre rue, ces espèces de désespérés du lieu idéal qui allaient repartir dans un camion rempli à ras-bord, avec leurs sofas crevés et leur marmaille en liesse, un prochain premier juillet riche de tous les recommencements. Combien elle en avait vu, elle ne savait plus dire, combien d'enfants mangeurs de terre ou griffonneurs de graffiti, de couples noués et dénoués, d'histoires bonnes ou mauvaises — et naturellement qu'elle avait un penchant pour les mauvaises — pour les drames qu'elle pouvait rehausser de toute la splendeur de son verbe, sans aucune intention malveillante ni aucune trace d'irrespect pour les souffrances réelles, les maux ressentis jusqu'au tréfonds de l'âme.

Lorsqu'il écarta le rideau, Jérôme aperçut Marie-Lourdes en grande conversation avec Marc Melville. Il se demanda si l'étudiant avait dormi ou s'il n'avait pas tout simplement passé la fin de la nuit à lire ou à écrire, et maintenant il devait avoir besoin de s'aérer un peu les esprits, à en juger par ses espadrilles et sa tenue de jogging. Plus tard, après le choc inconcevable qu'il avait reçu ce jour-là, Jérôme chercherait à se rappeler s'il avait pressenti quelque chose et il n'avait rien pu trouver : tout aurait pu continuer ainsi, les histoires de la concierge, le remue-ménage de Marc Melville, tout ce petit monde filant ses jours et ses années, chaque 31 décembre tombant à son heure : froid et torpeur, pureté brûlante du lendemain qui vient et apporte peu.

Il enfila sa robe de chambre et se dirigea machinalement, comme chaque matin, vers le calendrier tout à fait personnel qui était son seul passe-temps et qu'il construisait au jour le jour au mur de la petite pièce voisine de sa chambre. C'était peut-être tout ce qui lui restait de l'époque où Léa avait grandi sous ses yeux, un reliquat, une vieille manie qui finissait par devenir intéressante, à mesure que les années s'étalaient, au rythme d'une photo-polaroïd par jour, avant d'aller dormir dans les boîtes numérotées qu'il conservait dans le haut du placard, sur une tablette déjà aux trois quarts remplie, sans d'ailleurs jamais retourner les ouvrir, se contentant de les savoir là, en réserve pour l'éternité.

Il se rapprocha du mur, y colla presque le nez. La photo du 1er janvier montrait la dame errante du quartier : elle se tenait comme d'habitude près d'un arrêt d'autobus, vêtue d'une longue jupe et d'un manteau court, et elle portait dans sa main gauche un sac de plastique de chez Steinberg, probablement bourré de vieux chiffons et de quelques croûtons qu'elle servait aux oiseaux. Sa main droite était tendue vers un jeune homme qui faisait mine de ne pas la voir ou ne l'avait pas encore aperçue. Elle lui demandait sûrement une pièce de vingt-cinq sous comme elle en avait demandé des dizaines d'autres, en attendant successivement les autobus Côte-des-Neiges, Van Horne, Barclay, Côte-Sainte-Catherine ou Jean-Talon, sans jamais en prendre aucun, faisant volte-face dès que l'autobus arrivait et lançant d'une voix claire et joyeuse : « Au revoir et bon voyage ! »

La photo du 2 janvier montrait les courts de tennis du parc derrière leurs hautes clôtures en treillis : les poteaux sans filets plantés dans la neige, un banc enseveli jusqu'à mi-dossier. Puis février, mars : des gens ordinaires, l'entrée de la Plaza, les trois unijambistes en bronze tendant leurs bras filiformes vers le ciel, deux Soudanais en tuniques blanches distribuant des tracts. Un jour récent d'avril, il s'était promené dans la montagne : la photo montrait un sentier où scintillait une flaque d'eau, entre des arbustes où venaient au monde les premières feuilles.

Puis le grand vide, le mur nu qui s'étalait au delà de la photo du cent trentième jour, celle du réfrigérateur abandonné au coin d'une allée qu'il avait prise la veille en désespoir de cause, faute de mieux. Le jour commençait à tomber et la lumière insuffisante empêchait de bien voir les cœurs transpercés, les prénoms et autres signes cabalistiques inscrits sur la paroi jaunâtre à la pointe du clou ou du couteau.

S'il avait pressenti quelque chose, ce matin-là, c'était dans un seul geste, celui de ne pas s'être dirigé vers la cuisine pour se faire un café, comme il avait coutume de le faire, mais d'être plutôt descendu pour dire un mot à Marie-Lourdes au sujet de son voisin d'en haut et d'en avoir profité pour prendre en toute innocence son courrier de la veille. En remontant l'escalier dans la pénombre, il se demanda pourquoi il n'avait pas fait mention à la concierge de l'ampoule brûlée qui tardait à être remplacée, et c'est seulement une fois la porte refermée derrière lui et les enveloppes déposées sur la table de la cuisine qu'il aperçut celle-là, avec sa bordure zébrée rouge et bleue. Il vit le timbre français, le profil de la semeuse à tous vents, le sceau de la poste avec ses chiffres romains et le nom de la ville, il relut ce nom en détachant chaque lettre et il s'assit au coin de la table, les yeux rivés sur ses propres nom et adresse rendus étrangers par l'écriture fine à l'encre noire qu'il ne reconnaissait pas. Il eut la certitude que quelque chose allait lui arriver s'il ouvrait cette enveloppe et il tarda un peu à glisser son ongle sous le rebord, immobilisé par l'étonnement de voir survenir si tard ce qu'il avait toujours imaginé, au point où cela ne semblait plus possible et avait de quoi l'effrayer.

* * *

Il s'était longtemps représenté Léa en train d'apprendre à lire et à écrire, puis il était parvenu à

41

oublier presque toute image d'elle, il avait enterré l'écolière qui trottinait dans une rue avec ses livres et ses cahiers (la rue des grands-parents, avec ses courbes, ses murs de plusieurs siècles et ses degrés occasionnels en montant vers le Jardin sur la colline), il avait effacé l'adolescente qui rêvait d'amours et de voyages, pour s'épargner de savoir que, quoi qu'il advienne, ces années où elle grandissait lui auraient été à jamais volées, que plus rien ne pourrait les rendre, et surtout pas les mots. Et c'était maintenant des mots à elle qui lui tombaient du ciel, c'était ce nom de trois lettres qui se détachait en capitales au bas de la page qu'il lisait et relisait, mais il ne parvenait plus à se représenter quoi que ce soit. Les jours se réveillaient en lui mais Léa y figurait dans un autre rôle, hors du temps, en éternel bébé saisi chaque jour sur le vif (la même photo infiniment répétée, toujours identique). D'autres souvenirs se pressaient en lui qui étaient autant d'emblèmes grimaçants et dérisoires et formaient cet amas de dates fatidiques dont il savait si bien conserver les repères (mais des repères sans parcours et sans destination) : ce 4 mai où il avait rencontré Arlette au pavillon de la France, ce 18 juin infâme, le jour du grand adieu où il n'y avait pas même eu d'adieu, où Léa et sa mère s'étaient comme envolées en fumée par un tour de prestidigitation, au début d'un été ordinaire où l'enfant aurait eu deux ans. L'été 70, l'été 70 : un disque enrayé répétait cela en lui comme une formule maléfique dont le chiffre à lui seul conservait l'étrange pouvoir de l'accabler encore.

Sa mémoire des dates ! Dans ce néant où il était surpris en flagrant délit d'inexistence, il ne restait plus que cela, qui ne pardonnait pas et venait de plus loin que lui-même. Et s'il avait eu à cet instant même Léa devant lui et qu'il avait dû lui raconter sa vie, il lui semblait que tout se serait absurdement résumé à ces jours isolés comme des îles sur la mer : ceux de l'aventure avec Arlette et puis les autres, ce 22 octobre où il était devenu photographe, ce 7 février plus lointain encore où il avait sauté du train en marche et fait ses adieux au collège. Et il aurait fini par ne plus parler de rien du tout, par évoquer ce 10 mai inutile où il avait neigé, dans le désert de son adolescence (son père, se rappelait-il, avait pris une photo de cette journée blanche : presque une neige d'été sur les haies en feuilles et les premières tulipes), — ou cet étrange 1er novembre perdu dans son enfance et qui évoquait non pas les grandes noirceurs automnales, mais un repas pris sous les arbres à la campagne, dans des relents de fumier chauffé par un soleil fou, sur la ferme d'un grand-oncle qui tenait dur comme fer à sa pompe à eau manuelle et qui conduisait une fourgonnette d'un autre âge.

Il lui aurait dépeint ce jour-là tel qu'il se le rappelait à présent, comme un de ces souvenirs limpides qui ne servent à rien : ce 1er novembre impossible dans cette ferme qui se trouvait presque en banlieue, dans l'axe précis d'une future piste de l'aéroport qui allait plus tard entraîner son expropriation. L'énorme saint-bernard dormait, le nez entre ses pattes allongées, les adultes mangeaient autour d'une grande table dont la nappe battait au vent tiède, ils avaient oublié depuis longtemps qu'ils se trouvaient là pour la fête de tous les saints familiaux (pères, mères, frères ou cousines enterrés au cimetière du village). Sur le long balcon, comme une apparition tenace, la vieille tante hypocondriaque sortie une dernière fois avant l'hiver se berçait, on voyait sa pantoufle nerveuse s'agiter au bout de son pied, ses jambes croisées, maigres et blanches comme du petit lait, dépasser de sa jaquette, et elle répétait de temps à autre ce refrain que sa bouche édentée rendait troublant : « Quelle belle Toussaint ! Quelle belle Toussaint ! »

Mais à quoi bon s'agripper à si peu : il s'était perdu lui-même corps et biens, et la lettre qu'il tenait entre ses mains dans la lumière matinale ne lui était d'aucun secours pour retrouver sa vraie route, il ne pouvait que la lire et la relire et se buter à son caractère invraisemblable et au trou noir qui la précédait. Cette lettre venait d'une inconnue et ne s'adressait à lui qu'au conditionnel : « si jamais ma lettre te rejoint, j'aimerais que tu me répondes ! », mais on voyait bien qu'elle ne comptait guère sur cette réponse et qu'elle se protégeait en supposant peu vraisemblable qu'il n'ait pas changé d'adresse en vingt ans. Et tout en bas de cette page où elle demandait à celui qui était son père de se manifester, elle avait signé : Léa Ségala, du nom de sa mère naturellement.

* * *

Plus tard, après avoir relu vingt fois ces lignes au point de les savoir par cœur, au moment où il se tenait à la fenêtre devant la rue noyée de soleil et que Marc Melville réapparaissait au pas de course, l'air buté et le visage en sueur, Jérôme vit enfin se dessiner en lui une certaine image de Léa. Elle avait vingt-deux ans : cela, il ne pouvait pas l'ignorer. Pour le reste, il voyait une jeune femme très maquillée, les lèvres écarlates, avec des souliers à talons hauts et fins comme des aiguilles. Elle devait cacher sous sa beauté d'énormes malheurs, elle se réveillait la nuit tout en sueur, elle avait un mal terrible à respirer et elle allait étouffer si personne ne venait à son aide. D'où venait-elle, qu'est-ce qui avait pu se produire dans sa vie pour qu'elle en soit là, si belle et si peu capable de respirer comme chacun le fait ? Quel héritage inconnu portait-elle ? Quel poids d'abandons ? Il le savait mais il préféra étouffer la réponse et l'image s'embrouilla. La jeune femme s'était levée et elle s'en allait, elle marchait à l'aube sur une esplanade bordée de platanes, elle ne se retournait pas et il se demandait où elle s'en allait ainsi, de son petit pas pointu, dans le vent frais du matin.

Sur le palier, il longea le mur dans la pénombre jusqu'au premier escalier et il pensa à nouveau à l'ampoule brûlée. Il croisa Marie-Lourdes qui rentrait de ses travaux printaniers et elle lui jeta un drôle de regard, comme si elle lui trouvait l'air bizarre ou égaré, mais déjà il tournait sur le trottoir, il longeait la pelouse ravagée (avant même que l'été commence !), sentant la chaleur du matin comme il ne l'avait peut-être jamais sentie, comme une fièvre qui l'enivrait mais qui risquait aussi de l'abattre complètement, le laissant sans forces pour accomplir les gestes qu'il fallait. Il passa devant le réfrigérateur abandonné, il remarqua que la porte avait été déboulonnée et qu'il y avait des graffiti jusqu'sur les parois intérieures : des noms, des organes sexuels rudimentaires, un slogan raciste et un autre qui dénonçait la brutalité policière dans le quartier.

Il traversa le chemin de la Côte-des-Neiges où voitures et autobus grimpaient vers le soleil. Dans le parc qui avait été transformé au cours des années, il passa entre la pataugeoire à sec et l'aire de jeux. Deux enfants entraient et sortaient d'un gigantesque tuyau de béton, déposé dans le sable entre les rangées de balançoires. Ils disparaissaient dans l'ouverture et ne ressortaient à l'autre bout qu'après avoir lancé les cris que poussent les enfants dans les tunnels, pour entendre l'écho de leur voix. Il s'arrêta un instant pour les écouter, ils entraient et sortaient de plus en plus vite, puis ils changèrent d'idée et se mirent plutôt à escalader la paroi arrondie et glissante. Il chercha à se rappeler si ce tunnel existait à l'époque de Léa, mais il lui semblait que non.

Les mots de la lettre lui revinrent à nouveau, plus tranchants et glacés que tout à l'heure. Il marchait à présent sur la piste, il y avait des mouettes plantées comme des fleurs blanches sur la pelouse centrale, un gros homme qui courait en se traînant les pieds et en s'épongeant le front de temps à autre avec une serviette, mais plus rien n'était comme avant, pas même les lignes des couloirs qui s'écrasaient au loin dans la courbe et qui semblaient comme une route infiniment éprouvante et un peu irréelle, avec ce revêtement de caoutchouc où ses pas semblaient s'enfoncer et rebondir. Il eut l'absurde impression d'être soudain comme un criminel de guerre qui s'est longtemps caché sous une fausse identité et qu'une enquête patiente vient de découvrir, dans quelque quartier perdu d'une ville d'Amérique. Maintenant il marche, il cherche à gagner du temps et à se perdre dans le décor, en espérant échapper *in extremis* à ses poursuivants, mais il sait au fond de lui qu'ils vont le rejoindre et le forcer à avouer son vrai nom et la teneur réelle de ses crimes.

Mais qui sait si la lettre de Léa n'était pas plutôt un appel au secours ? La jeune femme aux talons pointus et au maquillage excessif se morfondait peut-être dans une chambre en attendant une réponse, ou pire encore, elle n'espérait déjà plus rien, elle savait à l'avance que son appel tomberait dans le vide et qu'il n'y avait personne à l'autre bout, là où son monde à elle avait commencé.

Il sentit ses tempes bourdonner, il n'avait pourtant pas couru, il traînait plutôt comme pour étirer le temps et repousser un peu la suite des événements, puis il tâta instinctivement la poche de sa chemise, comme surpris lui-même de sentir là les deux photos longtemps conservées dans une enveloppe qu'il avait enfouie au fond d'un tiroir et qu'il venait de ressortir tout à l'heure de leur obscurité poussiéreuse, juste pour voir. Deux photos comme tant d'autres, comme celles que tous les parents du monde conservent et qui les font sourire avec un peu de nostalgie, des années plus tard. Il y avait celle de la pouponnière, avec un mauvais reflet dans la vitre : petit visage bouffi, poché, encore meurtri par son combat vers la lumière, puis la deuxième, beaucoup plus tard, une des épaves ultimes du désastre, et qui ne se trouvait même pas encore développée le jour où Arlette avait plié bagage avec l'enfant. Cette dernière photo montrait Léa assise sur une plage au bord du lac des Deux-Montagnes, jouant dans le sable avec sa petite pelle. Ils s'étaient promenés en voiture dans la campagne ce jour-là, du côté de la ferme du vieil oncle que Jérôme n'était pas parvenu à retrouver, et dans l'après-midi ils avaient fait un pique-nique, comme si l'humeur de l'un ou de l'autre était aux pique-niques et aux journées torrides sur la plage. Derrière l'enfant, il y avait le lac comme une mer bouchée, sa ligne d'horizon brouillée par la canicule. Au premier plan, le bébé ignore tout, ne sait même pas que le mois de juin existe, encore moins ce qui s'y trame. Trois jours avant le départ ! Arlette lui avait reproché pour la centième fois, ce jour-là, de ne plus s'intéresser à elle et de n'en avoir que pour l'enfant (et encore, de quelle manière !). Chez une mère, passe encore, mais chez un homme, ce n'était pas une chose normale et, ma

47

foi, il aurait peut-être gagné à se faire soigner. Il avait pris la photo peu après cette scène, dans une atmosphère chargée, et l'ombre d'Arlette traînait dans le décor, on voyait sur le sable à la droite du bébé la silhouette de sa tête frisottée qui planait sur cette journée étouffante.

Il pensa à toutes les autres, aux centaines d'images de Léa qu'il était passé à un cheveu de détruire et qui dormaient dans l'obscurité d'une boîte, sur la plus haute et inaccessible tablette d'un placard. Cela aussi l'accusait, cette frénésie en pure perte à laquelle n'avait succédé qu'un enfouissement coupable, et une sourde colère lui montait à la gorge, le sentiment d'un terrible gaspillage, de jours et d'années réduits à néant, puis il bifurqua vers l'immense pelouse encerclée par la piste, comme Léa l'avait fait un jour d'un pas titubant, ses petites mains tendues vers un oiseau ou un écureuil qui fuyait. L'instant d'après, elle avait dû trébucher tête première et fondre en larmes.

À cette époque-là, pour autant que Jérôme se rappelât, il n'y avait guère de goélands. Des pigeons, des étourneaux, des corneilles, oui. Mais eux, les oiseaux de la mer, ils étaient arrivés plus tard, en remontant le fleuve et en prenant la ville à grand renfort de cris stridents qui donnaient à leur conquête un air plutôt sinistre et promettaient de durs combats à venir. Maintenant, ils se tenaient au milieu de la pelouse, plantés là à intervalles réguliers et faisant de temps à autre un pas en avant comme pour se rapprocher du soleil. Il fit un geste brusque et rageur de son bras, et il y eut comme une explosion d'ailes et une envolée pleine de gémissements. Derrière lui, il les vit redescendre à leur place et s'orienter à nouveau vers le soleil, leur bec jaune accroché aux rayons déjà chauds, les yeux fixes, les ailes tranquilles.

* * *

C'était à peine un rêve, une image plutôt qu'il avait laissée naître en lui ces derniers temps : il se tenait aussi raide qu'une statue au milieu du parc devenu un champ désert, sans clôtures ni haies ni maisons autour, puis la nuit tombait et il entendait les oiseaux de la mer fondre sur lui en se plaignant, ils cherchaient à lui manger le ventre, ou le cœur, l'un d'eux lâchait un cri perçant, et tout à coup il y avait quelque chose de changé, cette attaque venait d'un autre ciel, nocturne et infiniment opaque, sans lune ni comètes ni faisceau lumineux lancé par une lointaine tour à bureaux : c'était Marc Melville qui lui marchait sur la tête, à la place des goélands et des mouettes, il y avait l'oiseau que l'étudiant s'était acheté, d'après les dernières nouvelles obtenues de la concierge. Un oiseau exotique au plumage immaculé, un cacatoès qui faisait tout un grabuge et constituait à proprement parler une infraction au règlement interdisant les animaux domestiques, sauf les oiseaux en cage bien sûr. Mais celui-là n'était pas un plumitif ordinaire, un serin ni même une perruche, tout indiquait qu'il sortait parfois de sa cage selon le bon plaisir de son propriétaire et l'oreille avertie de certains voisins, et il avait une de ces voix à réveiller les mieux endormis, à faire frémir les enterrés vivants. Jérôme s'était dit qu'il aurait préféré entendre aboyer un chien, mais c'était ce cri strident qui résonnait tout à coup, dans le ciel quasi infernal de Marc Melville, dans ce monde de travaux inconnus et de douleurs solitaires qui pesait sur lui de tout son poids, à longueur de nuits.

* * *

Fidèle à son seul désespoir, il ressassait les mots du message qu'il enverrait à Léa, il les tournait dans tous les sens en permutant les phrases, en fouillant dans ce qu'il lui restait de mémoire pour trouver des tournures plus élégantes. Le problème, c'est qu'il ne parviendrait pas à l'envoyer, ce message, il en était sûr, parce que sa vérité produisait un effet trop dramatique. On ne répond pas ainsi à sa propre fille, on ne lui dit pas tout cru le noir de son être, alors qu'il suffirait d'être présent, de lui montrer son visage de tous les jours, de dire : voilà, je suis là, dis-moi ce que tu veux. On ne dit pas la mort dans l'âme, le désir jamais réalisé de s'effacer vraiment dans le paysage le plus anonyme, de ne plus passer que des jours et des nuits blanches, nu en face d'un mur nu, dans quelque motel Bellevue ou Oceanview, égaré au bord de nulle part. N'importe où aurait fait l'affaire pour combler cette faim, et alors il serait peut-être entré en transe, il aurait vibré au cœur de cette banalité sans nom, il aurait entendu une voix qui l'appelait et ç'aurait été la sienne qu'il ne reconnaissait plus, une voix aussi chantante que celle d'une sirène, sa propre voix exaspérée devenue belle à force de fatigue et de retenue. Il aurait su qu'il avait touché le point de non-retour, et alors il se serait rhabillé et serait sorti tranquillement pour marcher le long de la route, en sanglotant, en tremblant d'un bonheur étrange, en sentant chacun de ses muscles se détendre et la douceur du vent sur son visage.

Mais peut-être l'avait-il touché autrement, ce point oméga du non-retour, peut-être le touchait-il à présent, dans le vent presque brûlant qui soufflait sur le chemin de la Côte-des-Neiges, en ce matin où les étrangers saluaient le retour du soleil et où la dame errante du quartier se profilait à tous les arrêts d'autobus imaginables, tendant la main dans l'espoir de compléter, peut-être, une futile collection de vingt-cinq sous ou tout simplement pour bavarder, comme elle aimait le faire même avec ceux qui lui avaient dit non. Il eut l'impression que le point de rencontre entre détresse et allégresse se trouvait ici même, dans ce samedi matin de mai où il portait l'heureuse et dramatique nouvelle du retour de sa fille, il allait en se demandant quelles tourmentes inconnues tout cela lui promettait, et il fut à peine surpris d'apercevoir au loin Jeanne Beaugrand, sa cliente la plus fidèle, qui descendait la Côte comme une écolière en vacances. Dans les situations extrêmes, hors de l'ordinaire, il ne pouvait y avoir qu'elle, outre le fait qu'elle aimait descendre la Côte le samedi matin, en route vers la Plaza, après une de ses nuits de travail bénévole dans un service d'écoute téléphonique, et malgré la présence de tous les commerces et supermarchés nécessaires à proximité de chez elle. Quand il l'aperçut, il devina qu'elle était là pour lui, pour le sauver d'une confusion mentale qu'il ne connaissait que trop bien, et au même instant il la vit s'arrêter à la hauteur de son studio, face à la photo d'elle-même qui se trouvait exposée en permanence dans la vitrine, une photo prise quatre ans plus tôt et qu'elle-même appelait « la photo menteuse », parce que rien n'aurait pu faire croire qu'une femme aussi rayonnante pût se trouver en réalité au plus noir de la dépression, elle qui venait tout juste d'être lâchée par son mari pour une femme plus jeune (et cette photo, disait-elle, avait été le début de sa remontée, un premier pas en vue de se redonner une image positive d'elle-même).

Il aurait embrassé Jeanne si cela n'avait pas paru d'un enthousiame exagéré, puis il se souvint qu'elle était venue la semaine dernière pour des photos de passeport et qu'elle avait obstinément refusé le procédé de développement rapide sous prétexte que cela donnait des résultats médiocres, comme si cela avait la moindre importance de présenter à des douaniers étrangers la meilleure image possible de soi-même.

— J'ai oublié de vous appeler, dit-il pour la prendre de vitesse, vos photos sont prêtes.

À cet instant même, il fut stupéfait de constater qu'un deuxième oubli, beaucoup plus grave, remontait tout à coup à la surface, un mariage pour lequel il avait été engagé, un mariage par une journée pareille ! Le monde ne s'étant pas arrêté de tourner, il imagina la consternation qui régnerait sous le portique de l'église (ou était-ce le Palais de justice ?), dans l'hypothèse devenue plausible où il ne se présenterait pas, et où les mariés se verraient privés contre toute attente de leur album-souvenir.

Mais il était clair, tout à coup, qu'il ferait défection, il n'y avait plus l'ombre d'un doute, et la face panique de l'état où il se trouvait s'agrandit davantage. En même temps, il entraînait Jeanne vers son studio, les stores étaient baissés de sorte qu'il faisait un peu sombre à l'intérieur, mais il trouva sans problèmes l'enveloppe dans le tiroir où il rangeait les photos terminées. Jeanne les tenait donc, ces photos qu'elle voulait professionnelles, et elle pourrait promener dans le monde une image d'elle-même à la hauteur de ses ambitions. « Il faut que je me reconstruise », avait-elle dit à l'époque où elle n'en menait pas large. Maintenant elle tenait une des photos entre ses doigts et elle faisait un signe appréciatif de la tête.

— Vous savez que je vais à Rome ? dit-elle comme si elle surgissait soudain d'une boîte à surprise.

Le service d'écoute pour lequel elle travaillait y tenait un congrès international, on l'avait choisie comme représentante des écoutants pour accompagner le directeur de la section locale (« Je ne sais pas pourquoi, ça doit être le nombre d'heures que j'ai faites, ou ils ont tiré le nom au hasard »), et elle pourrait donc faire d'une pierre deux coups : acquérir une vision plus large (planétaire !) des problèmes touchant l'écoute téléphonique, et visiter la Ville éternelle.

Elle terminait une semaine d'écoute nocturne, cela arrivait une fois par mois (sauf quand elle devait en plus remplacer quelqu'un d'autre) et elle en sortait à chaque fois abasourdie. Il se demanda comment il amènerait sur le terrain l'histoire de la lettre de Léa, tellement Jeanne avait l'air dégagée de tout souci, heureuse de profiter simplement d'un beau samedi matin pour faire un aller et retour vers la Plaza — et quant à dormir, cela pouvait attendre et de toutes façons, disait-elle, la tête lui bourdonnait encore des conversations entendues, de tout ce chahut d'âmes en peine qui cherchaient soulagement et consolation, et qu'il ne faisait pas bon réentendre au bord du sommeil.

* * *

À l'époque de la toute première photographie, celle qui figure toujours dans la vitrine, elle passait de temps à autre au studio pour bavarder, et Jérôme commençait à en savoir un peu plus sur elle et sur le départ saugrenu de son mari, après vingt ans de mariage. Sa solitude l'avait rendue sympathique, elle avait des airs de grande dame sous des façons familières, elle se vêtait toujours de couleurs vives et elle racontait qu'elle occupait son temps à suivre toutes sortes de cours, en histoire ancienne et en astronomie, en imagerie mentale et en expression corporelle, ou sur la comète de Halley qui s'en venait cheveux au vent. Elle était devenue une habituée des *Grands explorateurs* et des *Belles Soirées*, elle se reconstruisait à coups de voyages imaginaires aux îles Marquises ou grâce à des leçons sur la place des femmes dans la société médiévale, et pour faire sa part dans ce monde souvent bien bas, elle avait commencé ce travail comme bénévole à SOS-J'écoute, service en plein essor (augmentation de soixante quinze pour cent des appels durant la dernière année !), car tant de gens n'avaient plus le temps ni le goût de se parler. Jérôme n'avait pas osé lui dire qu'il avait déjà utilisé le service, oh ! à seulement trois ou quatre reprises, à l'époque où sa rage connaissait encore des regains d'énergie, où il se réveillait parfois en sursaut la nuit, non pas à cause de Marc Melville (qui n'était pas encore venu) mais parce qu'il avait rêvé à un tremblement de terre, à une opération chirurgicale douloureuse ou, pire encore, à une rue tortueuse de la vieille ville du Midi où lui et Arlette venaient de tomber nez à nez et en étaient à se disputer Léa, comme une poupée qui risque d'être démembrée et qui vous regarde avec de grands yeux fixes de poupée qui ignore ce qui lui arrive. À cette époque de grande noirceur, oui, il avait eu la faiblesse d'avoir recours à une oreille compatissante et il en conservait un souvenir humiliant, un peu honteux, de sorte que ces longues conversations avec Jeanne le mettaient mal à l'aise. Maintenant, il avait depuis longtemps cessé d'appeler au secours, Jeanne se tenait droit devant lui, en pleine lumière retrouvée, au bord de la rue qui descendait et, s'il osait en appeler à elle de ce qui lui arrivait, elle allait sûrement lui dire qu'il était en train de créer une tempête dans un verre d'eau, qu'il n'avait qu'à écouter ce qu'il ressentait, attendre quelques jours pour se donner le temps de digérer l'événement : des conseils du genre courrier du cœur ou guide pratique pour les humains sans boussoles, l'abc du gros bon sens à l'usage des temps difficiles. Les mariés, très bientôt, se trouveraient au désespoir, sur le parvis du Palais de justice, de la chapelle du Sacré-Cœur ou de l'église Saint-Quelque-Chose, et pourtant non, décidément, il ne parvenait pas à changer de cap pour aller remplir ses obligations, il eut l'impression que tout se passait sans sa volonté, il accompagnait Jeanne en descendant la côte et cela devait se passer ainsi, sous un ciel bleu pleine largeur. Le soleil ! Il se demanda à quelle hauteur il se trouvait à l'autre extrémité de tout ce bleu. Pour Léa, c'était l'après-midi avancé, mais peut-être ne voyait-elle même pas le soleil, parce qu'il ne brillait pas ou qu'elle ne voulait pas le voir et qu'elle s'était enfouie dans sa chambre en tirant les rideaux. Il ne pouvait rien pour cette détresse-là, et il en venait à imaginer Léa à sa propre image, aussi accablée et pleine de renoncements qu'il l'était, aussi tournée vers ses propres fantômes (à peine plus jeunes) et ne lui ayant tendu une perche que pour lui rappeler cette ressemblance et l'obliger à la reconnaître. Il lui avait donné la vie (même s'il ne savait plus vraiment ce que cela voulait dire), et il n'avait qu'à en supporter les conséquences.

Jeanne portait des espadrilles, elle marchait d'un pas rapide, presque à la hâte, heureuse de se plonger, comme elle disait, dans le bas du quartier et de constater que la rue s'animait davantage. Il y avait un petit attroupement d'hommes devant une synagogue et des gens qui entraient et sortaient de restaurants qui annonçaient hamburgers et crème glacée, beignes et café noir.

— Quelle idée j'ai eue de continuer à habiter en face d'un cimetière, dit Jeanne, et pas n'importe lequel ! Grand comme une ville ! Ici au moins, on rencontre des vivants. Mais que voulez-vous, j'adore mon appartement et j'aime mieux employer mon énergie à m'instruire qu'à déménager.

Elle habitait plus haut, dans un immeuble où logeaient surtout des retraités. Elle lui avait dit un jour que son appartement était si vaste qu'il aurait pu contenir deux familles. Il y avait un piano à queue dans l'un des salons. Mais il était pratique d'habiter près de la montagne, où elle promenait ses chiens matin et soir, et où Jérôme n'allait plus souvent.

Ils débouchaient à la hauteur du parc où il avait erré tout à l'heure, les enfants du tunnel y jouaient toujours, debout sur les balançoires. Il y avait maintenant un homme barbu sur un banc qui lisait son journal et les feuilles éparpillées d'un autre journal qui roulaient et flottaient sur la pelouse, puis au loin sur un talus, une fille en maillot de bain qui se faisait bronzer en lisant un livre. Plus loin encore, ou plutôt partout, il devait y avoir le voisin de Jérôme, celui d'en haut, l'étudiant fanatique, tournant en rond sur la piste ou affalé sur un banc, puis sur un autre, et cherchant à retrouver son souffle. Jérôme et Jeanne étaient arrivés devant les personnages en bronze, très effilés, qui dansaient sur une seule jambe à un angle de la Plaza. Ils n'avaient pas d'autre jambe, seulement un moignon coupé au-dessus du genou, et ils tendaient les bras vers le ciel.

— J'ai reçu une lettre de ma fille, dit Jérôme tout à coup, et sa propre voix lui sembla sonner faux.

— Ah ! vous avez une fille ! dit Jeanne en se retournant vers lui. Vous ne m'en aviez jamais parlé.

— Disons qu'elle n'existait plus tellement, ces dernières années. Elle vit avec sa mère dans le Midi de la France, à Montpellier. Ça fait vingt ans que l'ai vue.

Il vit les yeux de Jeanne s'embrouiller, il était accroché à ces yeux qui découvraient son histoire et qui attendaient la suite. Le plus étrange, lui avait-elle dit un jour en parlant de son travail (qui prenait pour elle une importance grandissante), c'était d'entendre les histoires intimes des autres sans jamais les voir, de plonger dans leurs drames et leurs passions sans avoir la moindre idée de leur physionomie, en ignorant s'ils avaient l'air sympathiques ou mesquins, bons ou méchants. Il se demanda comment elle le jugeait, lui le grand disparu, l'homme effacé, quelle mine elle lui trouvait, surtout en apprenant de plein fouet qu'il lui avait caché un aspect essentiel de sa vie.

— Je vous invite à prendre un café, proposa-t-elle en tournant déjà le dos aux danseurs de bronze et en esquissant un mouvement vers les grandes portes.

À l'intérieur, le soleil illuminait les feuillages tropicaux par les puits de lumière. Jeanne était d'avis que cette ouverture sur le ciel avait été un progrès certain dans l'histoire de la Plaza, maintenant on ne s'y sentait plus écrasé comme dans des catacombes. Elle regarda Jérôme en semblant attendre son avis ou autre chose, un début de récit qui ne venait pas encore, des détails qui l'éclaireraient un peu (et lui permettraient, se dit-il, de juger de la gravité de son cas), puis l'escalier mécanique glissa vers le sous-sol et maintenant ils se trouvaient face à face devant un café amer sous un éclairage au néon qui taquinait les petites rides au coin des yeux de Jeanne, et il ne sut même pas si ce qu'il s'était mis à raconter d'une voix qu'il cherchait à rendre juste possédait un commencement, il eut l'impression que les yeux plissés de Jeanne soupesaient un à un les morceaux de sa vie, qu'elle voyait très bien ce qui s'était passé, mais que tout devait sombrer à mesure dans un magma d'inconséquences parce qu'il n'était pas remonté assez loin dans le temps. Elle l'interrompait pour obtenir des précisions, mais en pure perte, et quand il s'arrêta elle garda le silence, il vit seulement ses deux pouces qui jouaient l'un contre l'autre au-dessus de ses mains jointes sur la table. Il remarqua qu'elle portait toujours une bague et une alliance, et à son poignet une de ces montres numériques au bracelet strié noir, avec le chiffre 10 : 37 dont les deux points clignotaient à chaque seconde. Ils furent distraits par un brouhaha soudain de gens qui se disputaient à une autre table, dans une langue incompréhensible qui donnait à l'échange une violence inquiétante. Les deux pouces de Jeanne tournaient plus vite l'un autour de l'autre.

— Et maintenant, qu'est-ce que vous allez faire ? Vous avez l'intention de répondre ?

— Je ne sais pas encore, dit-il.

Il aurait voulu rentrer sous la table, le brouhaha de la cafétéria autour d'eux semblait tout à coup plus strident, les gens qui discutaient à côté d'eux gesticulaient de plus belle, l'un d'eux brandissait le poing vers quelqu'un qui, visiblement, n'était pas présent : un fonctionnaire, un parent peut-être lointain, un ennemi inconnu. Les petites rides de Jeanne semblaient frémir, par agacement ou compassion, Jérôme n'aurait su le dire. Il pensa à son portrait dans la vitrine du studio : de quatre ans plus âgée, et on ne pouvait pas nier que cela faisait une différence. Elle aussi avait dû lutter contre la honte d'elle-même et contre la mémoire qui ne veut pas lâcher le morceau. À l'époque du portrait, elle n'avait pas cinquante ans et il se rappelait qu'elle parlait volontiers, avec une nostalgie crispée, de son mari qui était bibliothéquaire et passionné de musique. La culture, dans leur couple, avait longtemps remplacé les enfants qu'ils n'avaient pas pu avoir. Ils avaient passé, disait-elle, des soirées à écouter du Mozart et du Brahms, ils allaient au concert et ils se lisaient l'un à l'autre des livres à haute voix, des romans de grands auteurs.

Un jour, Jeanne avait contre toute attente versé des pleurs dans le studio de Jérôme, en lui racontant finalement (elle avait toujours gardé un certain mystère là-dessus) la raison et les circonstances du départ de son mari. Il était devenu obsédé par l'idée de procréation, à quarante-sept ans cela devenait un état de panique, une question de vie ou de mort, son sujet préféré de conversation. Il s'en prenait à tout et même à la société, il avait lu des livres sur le vieillissement de la population, sur la stérilité vue comme un mal du siècle, sur le culte pervers des enfants dans le monde moderne, religion hypocrite qui cachait un désir secret et suicidaire d'en finir avec ces petits empêcheurs de tourner en rond. Toujours est-il (« c'était prévisible, se lamentait Jeanne, mais j'avais toujours nié cette éventualité ») qu'il s'était amouraché d'une jeune femme de vingt ans plus jeune que lui, une belle Marocaine qui travaillait à la Bibliothèque de l'Université dans la section des livres de référence, une Sémite langoureuse qui avait des lettres et du tonus, et alors le bateau de leur couple uni depuis une vingtaine d'années avait coulé d'un seul coup et adieu chère compagne — un adieu orné de petits airs coupables au moment de refermer la porte, pour la forme et les bonnes manières. Aux dernières nouvelles, il habitait aux confins de Côte-des-Neiges et de Snowdon et il était occupé à procréer (bien qu'elle ne sût pas encore si cela donnait des résultats). C'est à ce point-là de son récit que le ton sarcastique de Jeanne avait craqué, ses yeux clairs s'étaient mouillés de larmes et Jérôme avait même dû lui offrir de passer à la salle de toilettes pour aller retrouver contenance.

Elle but la dernière goutte de son café qui devait être froid. Lui-même avait terminé depuis longtemps.

— Et la mère, demanda Jeanne, il en est question dans la lettre ?

— Pas un mot.

— À l'époque, je me suis comporté comme un fou. Tout ça est de ma faute.

— Je suppose que votre fille recherche un père, pas un coupable.

Coupable ? Non, il y avait pire que coupable, mais cela était au delà des mots, du moins au delà de ceux qu'il savait encore. Il se pencha pour boire mais le café était froid. Il demeurait fasciné par les petites rides dans le visage de Jeanne, et par ses yeux qui le fixaient avec désarroi.

— Quoi que vous répondiez, dit-elle, tenez-vous-en à la vérité, même si elle n'est pas glorieuse.

Il songeait aux mots exacts de sa réponse, qui parviendrait à Léa dans cette ville où il avait erré jadis en se cognant sur les murs, entre les Trois Grâces et les jardins suspendus, avec l'écho de ses propres pas qui le poursuivait. Un seul mot : j'existe, je suis ici, ou quelque chose du genre pathétique : je suis le père oublié, enterré, effacé — et advienne que pourra, il ignorait tout

à fait ce que seraient les conséquences d'une telle
réponse qui ouvrirait forcément la porte à tous les possibles, y compris la perspective grotesque, pour ne pas
dire comique, de se voir exhumé et étalé en pleine
lumière sur la table de dissection des grandes retrou-
vailles, pour le meilleur ou pour le pire.

Jeanne et lui étaient remontés par l'escalier mécanique et elle l'entraînait à présent dans le supermarché
(« seulement une minute, après il faut que j'aille me coucher »), ils déambulaient maintenant d'allée en allée,
Jeanne se penchant de temps à autre pour comparer le
prix des yogourts et leur teneur en matières grasses, ou
pour vérifier le contenu exact sur un empaquetage,
parmi des embouteillages où il y avait bien sûr des
enfants, toujours eux pensait Jérôme, un petit qui babil-
lait sur le siège prévu pour son confort dans un chariot,
et un autre qui profitait d'une distraction de sa mère
pour en pousser un lui-même et qui suscita un gémisse-
ment indigné en donnant contre un talon d'Achille au
beau milieu de l'allée où il était pourtant évident que le
passage était bloqué. Jeanne semblait adorer ce genre de
confusion, elle avait toujours pensé que le supermarché
de la Plaza était, dans toute sa médiocrité, le centre vital,
le cœur du quartier, international et démocratique, avec
juste assez de méconnaissance des règles pour que cela
devienne intéressant, alors qu'en haut, là où elle habitait, tout le monde ou presque était vieux ou du moins
avait des bonnes manières, de sorte que personne ne
cherchait jamais à passer devant les autres à une caisse
ni ne gueulait jamais contre une caissière trop lente ou
qui aurait négligé d'éponger la petite flaque de sang laissée par un paquet de viande qui avait coulé sur le tapis
roulant (car sans qu'on sache pourquoi, les empaquetages

de viande, là-haut, ne coulaient presque jamais). C'était la raison principale pour laquelle elle faisait ses courses ici plutôt que là, pour observer l'exubérance, le beau désordre, les rires et les colères — et quant à Snowdon où elle aurait pu aller aussi parce que la distance de chez elle n'était pas bien grande, naturellement qu'elle l'évitait de peur de se trouver face à face avec une belle Marocaine enceinte, dans la région des légumes en conserve ou des produits surgelés, et de devoir faire semblant de ne pas la voir tout en ayant la mort dans l'âme (ou plutôt dans les entrailles, là où le fruit devrait mûrir et être béni des dieux, alors qu'il n'y a jamais eu que grand vide et désolation). Non, au grand jamais elle n'irait à Snowdon, et elle allait continuer à descendre la Côte et à faire ses beaux jours de la Plaza et des environs, de la sculpture à moignons, des Soudanais qui distribuaient des tracts et, pourquoi pas (pensait Jérôme) de lui-même, l'hurluberlu à tendance maniaque, qui après tout faisait partie de ce bas monde, même s'il n'y participait que du bout des lèvres, car il devait quand même constituer pour Jeanne un objet digne de curiosité, une anomalie dans ce monde pas très normal.

Maintenant qu'il était branché sur « l'autre » monde, le vieux pays de sa fille qu'il avait cherché à rayer de sa mémoire, et qu'il tournait et retournait en lui les mots de sa réponse et tout l'avenir qui risquait d'en découler, il savait que l'anomalie ne pouvait que croître et toutes les manies se déchaîner. À la sortie, il reçut la lumière du matin déjà avancé avec un bonheur trouble, légèrement hors foyer, il eut un léger vertige puis il se rappela qu'il avait oublié de déjeuner. Il portait l'un des deux sacs à provisions de Jeanne qui le salua en sautant dans l'autobus pour retourner jusque chez elle, et au moment où elle atteignit le marchepied, elle se pencha légèrement en arrière pour lui sourire une derrière fois.

— Tenez-moi au courant, dit-elle avant de disparaître, et il pensa qu'elle aurait fait une excellente photo du jour, digne de figurer sur le tableau qui s'allongeait avec l'année au mur de son appartement. Cette image encourageante l'accompagna jusqu'à ce qu'il aperçût l'église voisine de la Plaza, avec sa petite allée et ses tulipes éclatantes, et il imagina que les deux mariés qui l'avaient attendu quelque part dans la ville ne l'espéraient même plus, et plus rien ne pourrait les consoler de son absence inexplicable, car on ne se marie pas deux fois, du moins pas avec la même personne, et si le photographe n'était pas là au moment voulu, on ne pouvait pas corriger cette erreur, ce ne pouvait être qu'une ombre énorme qui allait planer sur toute leur journée et leur paraîtrait forcément porteuse de mauvais présages. Mais il n'y pouvait rien et il se sentit stoïque à l'idée qu'il allait recevoir tôt ou tard un appel enragé qui le couvrirait de tous les noms. Il débrancha quand même son téléphone, par prudence, en entrant chez lui.

* * *

Cette nuit-là Marc Melville resta étrangement silencieux mais c'était presque aussi gênant que le tapage habituel, il devait se tramer là-haut quelque chose de louche, d'autant plus que des bruits de pas occasionnels prouvaient hors de tout doute qu'il n'était pas sorti. Et, dans cette nuit qui s'étendait aussi pleine et entière que l'océan qui le séparait de Léa, Jérôme eut l'impression qu'elle arrivait, elle entrouvrait la porte de sa chambre et elle disait : « C'était donc toi ! » et ce « toi » résonnait avec une telle force que Jérôme en restait bouche bée, renversé par ce mot si bref qui semblait le viser droit au cœur, puis elle se mettait à parcourir les pièces en examinant tout dans le détail et en lui demandant si quelque chose demeurait de l'époque où elle y avait vécu. Elle disait : le temps n'efface jamais tout, elle refusait de croire que son propre père eût pu détruire jusqu'à la moindre trace de ce qui avait été pendant une trop courte période si important pour lui.

Et bien sûr que non, il n'avait pas tout détruit, à commencer par ces deux gros albums tenus bien loin du regard sur la plus haute tablette du placard et qui contenaient les 726 premiers jours de sa vie, du moins une fraction de seconde de chacun de ses jours, comme une goutte d'eau enlevée à un fleuve, toujours la même et pourtant chaque fois différente : toutes ces rangées, page après page, de petits visages qui paraissaient bizarrement identiques, qui ne montraient de proche en proche aucun signe de transformation, jusqu'à ce que l'on tourne encore pour se rendre compte qu'en effet quelque chose avait changé, qu'une once de conscience donnait plus de gravité au regard, et que les cheveux avaient poussé (blonds et frisottés comme ceux de sa mère), et puis il y avait ce menton qui prenait forme et cette bouche plus fine aux coins retroussés qui savait sinon parler, du moins sourire en montrant de temps à autre de petites dents blanches qui étaient apparues comme par magie.

Il essayait de se représenter la stupéfaction de Léa devant ses images d'elle-même, elle tournerait les pages avec incrédulité, en se demandant peut-être si c'était là une preuve d'amour ou plutôt le comportement d'un détraqué. Lui-même finissait par ne plus le savoir, cet espèce de monument absurde en venait à prendre toute la place, et entre ces éclairs multipliés presque à l'infini, le flot énorme des événements se perdait, il aurait fallu des mots, beaucoup de mots, chuchotés à Léa dans la nuit et même cela n'aurait peut-être pas suffi, encore moins que cela pouvait suffire avec Jeanne, car rien ne pouvait corriger ce qui comportait trop de lacunes, et la nuit ne serait pas assez longue pour que Léa parvienne à dire : « À présent, oui, je comprends .» Ainsi les mots (adressés à lui-même, tournés contre lui-même) s'épuisèrent cette nuit-là, vinrent buter contre ce mur d'images qui était comme le silence même, et Jérôme s'y cramponna pourtant, tournant page après page en sachant qu'il ne pouvait blâmer personne pour l'insomnie qui l'accablait, et au matin les petits visages si semblables les uns aux autres n'étaient plus que la répétition d'une même passion douleureuse, le clignement d'une longue fatigue. Quand il referma la dernière page du second album, Léa ne regardait même plus et déjà elle s'en retournait très discrètement, en disant adieu, et elle ne fut bientôt plus que cette jeune femme à talons hauts et au rouge à lèvres écarlate qui marchait dans une rue étroite et tortueuse, une rue en pente avec des marches qu'elle gravissait sans les regarder, comme une somnambule.

* * *

Il trouva finalement les mots pour se manifester, c'étaient les plus simples et les plus froids, qui ne faisaient aucune promesse et qui ne disaient rien sur ce qu'il était devenu ni sur l'état présent de ses émotions à fleur de peau, prises entre mort et résurrection, ou vice versa, comme la saison oscillait entre hiver et été. Car le froid du nord-ouest était redescendu et le parc s'était vidé de ses lecteurs de journaux, de ses lectrices en bikini, et Marc Melville devait se vêtir du gros coupevent qu'il portait en mars pour aller faire ses tours de piste, toujours avec la même obstination qui lui faisait braver vents et tempêtes, avec ces pluies froides qui battaient la rue et faisaient rouiller à vue d'œil le réfrigérateur abandonné au coin de l'allée, ignoré jusqu'ici par les éboueurs spéciaux qui, au dire de la concierge, devaient être en train de jouer aux cartes quelque part, à moins qu'ils eussent décidé que le quartier (et cette rue, en particulier !) se trouvait sur une quelconque liste noire et ne méritait aucun égard.

Il n'y avait plus qu'à attendre et la courte lettre envoyée à Léa signifiait à présent que Jérôme était exposé, cela pouvait venir à tout moment, une nouvelle lettre qui, cette fois-là, saurait à qui elle s'adressait et qui exigerait beaucoup de lui. Ou il y aurait un appel, ce ne serait pas la mariée en colère de retour de Niagara ou d'Atlantic City, n'en revenant pas encore de ce photographe qui lui avait fait faux bond pour le *grrrand* jour, voulant en avoir le cœur net, non, ce serait la voix de la jeune femme à talons pointus qui résonnerait par delà l'océan avec une proximité gênante et des mots difficiles à soutenir. Et alors, et alors ? se disait-il, est-ce que j'aurai tenu le coup jusque-là, mais il savait bien que l'avenue de la folie était plus inaccessible que jamais, à moins d'appeler folie ce relent de bêtise qui lui revenait de sa vie enlisée et son désir mauvais d'y rester, parce que sortir d'un tel trou demandait beaucoup d'imagination et faisait trop mal. Pour le reste, bien sûr que Jeanne Beaugrand avait raison, seule la pauvre et humble vérité importait, et sans doute voyait-elle clair en lui parce qu'elle-même savait secrètement ce que c'est de désirer la fuite ou le mensonge quand on souffre, et c'était pour cela qu'elle souriait d'une façon si entière, parce qu'elle avait vaincu ce danger avec les moyens du bord et, comme on dit, la force de caractère, en suivant des cours et en jouant son rôle de grande consolatrice.

Il avait pensé téléphoner à Léa, en supposant que ce fût possible et qu'il pût obtenir le numéro par l'assistance-annuaire internationale, mais il avait vite écarté cette approche trop brutale et il fallait donc laisser courir les jours, les voir s'ajouter un à un au calendrier. Quant aux nuits, elles faisaient à nouveau des vagues, cela lui tombait sur la tête, une avalanche de coups assenés par personne, jusqu'à ce qu'un soir le quasi-fantôme Marc Melville s'incarne en chair et en os, devienne un être bien vivant aux yeux juste un peu trop enfoncés dans leurs orbites, un jeune homme qui savait parler et qui avait seulement eu le malheur d'oublier sa clé, au retour d'une de ses rares sorties en soirée. Jérôme était déjà couché et il goûtait dans la pénombre l'étonnant silence tombant du plafond quand il entendit un bruit insolite dans la cage d'escalier, une poignée de porte tournée et retournée avec impatience et des cognements sourds. Il alla entrouvrir la porte donnant sur le palier pour tendre l'oreille, en pensant à un homme laissé dehors par sa femme mécontente ou à un voleur maladroit. Il pensait que Marie-Lourdes (ou son mari, s'il était rentré de son interminable journée de taxi) allait surgir d'un moment à l'autre pour intervenir ou, le cas échéant, appeler la police qui logeait dans un coin de la Plaza, à trente secondes de l'immeuble. Mais ce fut plutôt Marc Melville qui apparut, dévalant l'escalier en chaussures de tennis et vêtu du même blouson qu'il portait par temps frais pour aller courir. Il tenait un gros cahier sous le bras et il semblait très excité, il haussait les épaules et marmonnait des jurons quand il aperçut Jérôme qui se tenait sur le seuil de sa porte.

— J'ai perdu mes clés, dit-il d'une voix essoufflée.

C'était donc lui, presque nez à nez, le tyran de ses nuits qui faisait des pieds et des mains pour le priver (méchamment, aurait-on dit) de tout sommeil, vaillamment aidé en cela par un oiseau tapageur ! En coureur frénétique, il était insaisissable et plutôt agaçant, mais à présent il avait l'air sérieux et un peu hagard des êtres humains qui ne peuvent plus rentrer chez eux.

— J'ai cherché de la monnaie dans ma poche pour faire des photocopies, j'ai dû les déposer sur la tablette et oublier de les reprendre. La Bibliothèque est fermée à cette heure-ci.

Il se dandinait d'un pied sur l'autre et balançait son cahier d'un mouvement régulier, à bout de bras, comme un poids que l'on balance pour se faire des muscles.

— La concierge a un passe-partout, fit remarquer Jérôme.

— Non, non, protesta le jeune homme. Je... je ne veux pas qu'elle entre chez moi.

— À cause de l'oiseau ? Vous savez bien qu'elle est au courant. Tout le monde l'entend, votre oiseau.

Rien à faire, il ne voulait d'aucune façon aller frapper à la porte de Marie-Lourdes et la tirer du lit (en supposant qu'elle dorme, à onze heures du soir). Il devait y avoir un autre moyen, il fallait faire vite car il était très inquiet pour Jérémie qui pouvait faire tout un grabuge s'il ne rentrait pas pour le nourrir et le soigner. Et puis, ce bruit dans la porte l'avait forcément alerté.

— Un oiseau en cage ne peut pas faire bien des dommages, observa Jérôme.

— Je le laisse en liberté dans l'appartement. Ne le dites surtout pas à Marie-Lourdes. En général, ça ne cause pas de problèmes, juste un peu de saleté. Dans sa cage, il s'arrachait les plumes et ne mangeait presque plus. Il s'était mis à parler de son oiseau avec une grande nervosité. Il l'avait amené chez le vétérinaire pour le faire examiner. Le spécialiste était d'avis qu'il souffrait d'un mal assez courant chez les cacatoès qui avaient établi un lien très fort avec leur maître. Dans les cas extrêmes, certains manifestaient même des signes d'excitation érotique en sa présence. Ainsi donc, poursuivait l'étudiant, son cacatoès se languissait d'amour, il se désolait d'une absence trop prolongée, de journées passées à attendre, peut-être même s'imaginait-il un obscur rival, plus beau et plus fort que lui, avec lequel son maître passait de radieux après-midi, et alors, comme il n'y avait pas d'autre moyen, il retournait sa tristesse contre lui-même, se donnait des coups de bec de plus en plus féroces. À ce rythme il n'allait bientôt plus avoir de plumes.

— Il est jaloux même de mon travail, continua Marc Melville avec une lueur de satisfaction dans les yeux. À propos, saviez-vous qu'il y a tout un trafic d'oiseaux exotiques actuellement, des vols, des importations illégales, il paraît que c'est un réseau asiatique. Je fais très attention, on ne sait jamais.

Cela ne réglait pas son problème de clés. Jérôme lui offrit d'utiliser son téléphone, il devait bien avoir un ami, quelqu'un qui pouvait l'accueillir pour la nuit, son Jérémie n'allait quand même pas en mourir, mais déjà l'autre parlait de grimper par le balcon, la porte arrière étant plus facile à ouvrir, en brisant une vitre. L'absence d'escaliers entre les balcons réjouissait Marie-Lourdes, qui y voyait une bonne protection contre les vols.

— Mais c'est très dangereux, objecta Jérôme.

— Ça doit être assez haut, mais je suis à l'épreuve du vertige, dit-il avec un petit rire nerveux.

Jérôme chercha en vain à le dissuader, il avait à nouveau son air buté de coureur fanatique, il devait aimer les défis et être entêté en tout, même dans son travail.

— Tenez ! Apportez-moi mon cahier à la porte de devant quand j'aurai grimpé.

Déjà il pénétrait presque effrontément dans l'appartement de Jérôme et, avant même que celui-ci eût pu l'arrêter, il fonçait dans le corridor et traversait la cuisine. Parvenu au balcon, il se frotta les mains deux ou trois fois et entreprit son escalade.

— Il va falloir que vous m'aidiez un peu.

Il s'était mis debout sur la rampe et tenait de ses deux mains la plate-forme supérieure. Beaucoup plus bas dans le noir, il y avait l'allée de gravier et la rangée des lilas qui remuaient à peine et devaient commencer à se faner. Marc Melville ressemblait à un trapéziste prêt pour le saut dans le vide, puis Jérôme sentit le froid de ses semelles dans ses paumes croisées. Les chaussures de tennis dégageaient une odeur de caoutchouc neuf. Le jeune homme avait joint les pieds autour du poteau qui reliait les balcons et il cherchait à se hisser plus haut en prenant appui contre les mains de Jérôme, puis il put atteindre du pied droit un crochet qui avait déjà servi à suspendre des fleurs. Alors, il cessa de glisser et parvint sans difficulté à se soulever à la hauteur de son propre balcon, il enjamba la rampe et disparut tout à fait, il y eut un bruit assez léger de carreau brisé et d'éclats de

70

vitre qui se répandaient sur le sol, la poignée de porte grinça et un cri perçant retentit alors à l'intérieur, presque humain et comme exaspéré.

Jérôme prit le cahier qu'il avait déposé en passant sur la table de la cuisine, un gros cahier vert à spirale sur lequel apparaissait un emblème triangulaire avec les mots : *Claire-fontaine.* Toute sa rancune contre le jeune homme qui l'empêchait de dormir se trouvait désamorcée par cette visite inattendue, et par ce cahier qui avait quelque chose d'intime et de secret, qui était comme la preuve que Marc Melville travaillait vraiment, du moins entre les pauses où il faisait quelques exercices ou courait après son cacatoès avide de jeux et d'affection. Jérôme ne parvint pas à s'empêcher de l'entrouvrir et de tourner les pages pendant un moment, du bout du pouce, ne serait-ce que pour entrevoir de quoi il s'agissait, et en songeant que chaque seconde supplémentaire devenait suspecte. Qu'est-ce que tu es en train de faire là, se dit-il, mais il le faisait quand même et, de toutes façons, il aurait fallu beaucoup plus de temps pour déchiffrer le sens de ce qui était griffonné là, des notes diverses avec des dates, des titres de livres et des citations recopiées, des impressions diverses. Il entrevit un titre, en haut d'une page écrite en lignes serrées : « Le défaut des langues dans les Relations des Jésuites », il se demanda de quel défaut il s'agissait puis il vit que sur une autre page, plus loin, il y avait un dessin assez puéril représentant un oiseau, les ailes ouvertes et le bec agressif, accompagné d'une inscription en majuscules : « L'Amour-passion de Jérémie ».

Il referma brusquement le cahier en avançant dans le corridor car il entendait des pas sur le palier, c'était Marc Melville qui était redescendu, simplement pour lui éviter de monter et pour le remercier de son aide. Pour la première fois, Jérôme remarqua qu'il louchait légèrement, ce qui donnait à son air fébrile et acharné un côté vulnérable. Il semblait regarder trop près de lui, en fait il était difficile de savoir quel point au juste il fixait, à quelques centimètres de son nez.

Cette nuit-là aucun bruit ne vint d'en haut, mais cette accalmie n'allait sans doute pas durer davantage que les fois précédentes. Marc Melville devait préparer des examens ou travailler à une thèse, la concierge parlait toujours de lui avec une sorte d'admiration, elle disait qu'il faisait des « recherches » et ce mot semblait évoquer pour elle une sorte de détective de l'esprit, un fin limier qui fouillait dans les livres comme on cherche la clé d'un meurtre. Quant à l'oiseau, elle était d'avis que c'était à la limite du règlement interdisant les animaux domestiques, bien sûr, et même un peu au delà, mais enfin on n'allait pas priver les locataires de leur moindre petite folie, sinon on allait tout banaliser et elle-même aurait l'impression de jouer le rôle de la police, elle qui en avait déjà plein les bras avec les locataires délinquants et les mauvais coups des enfants.

Depuis cette rencontre inattendue avec son voisin d'en haut, Jérôme ne pensait plus à Léa tout à fait de la même manière, il se demandait si elle avait fait des études, si elle lisait beaucoup de livres ou de revues, si elle était heureuse ou au contraire désabusée, au point d'appeler son père au secours en espérant que lui au moins y voyait un peu plus clair dans la vie. Il se disait que Marc Melville devait le fasciner aussi pour cette raison : parce qu'il avait l'âge de Léa et que lui-même, à cet âge, dans le désert de son adolescence, avait trouvé d'un seul coup le point en soi où l'on est sans espoir et privé de tout recours. Il ne pouvait pas s'empêcher de penser que les gens du même âge, surtout ceux de vingt ans, ont tous quelque chose en commun, une passion, un secret, une manière de voir, d'être ou de se désoler.

* * *

Temps de l'îlot désert, angoisse solitaire bien pire que le plaisir, et que rien ne vient combler, pas même le lilas qui déborde et neige à gros flocons mauves sur le trottoir, ni le soir de mai qui ne sait pas finir et traîne son soleil en longueur à ras d'horizon, à l'ouest du monde, tout en bas de la côte qu'aiment descendre Jeanne Beaugrand et Jérôme et tous les autres, ceux qui vont quelque part comme ceux qui ignorent où ils vont, les sans-feu-ni-lieu, les dames errantes qui font toujours mine de prendre l'autobus et traînent leur vieux linge dans un sac à provisions et qui réclament de la monnaie pour se rendre à l'hôpital, alors que le quartier en est plein, d'hôpitaux, de cliniques et de spécialistes, et qu'on sait bien que ce n'est qu'un prétexte pour demander quelque chose, car demander fait du bien, fait se croiser les regards et s'effleurer les doigts, si seulement l'autre sait répondre et tirer de sa poche un presque rien, une médiocre pièce de vingt-cinq sous qui servira de porte-bonheur.

Il ne lui restait que peu de temps à mijoter dans ce trou d'angoisse (mais il l'ignorait), à voir défiler les nuits et les jours, et les clients qui se faisaient plus nombreux au studio, à l'approche des grands voyages de l'été, quand tout le monde veut passer les frontières et les océans, en quête d'oubli ou de racines, d'images et de lieux sacrés. Photos machinales qui ne serviraient qu'à faire ressemblant et à prouver que l'on était bien qui l'on était, aux yeux de douaniers acariâtres et soupçonneux distribuant les droits de passage. Jérôme aussi aurait voulu partir, il pensait à la rue étroite et tortueuse de cette ville de là-bas, cette rue qui gravissait par degrés la colline où s'étendaient les jardins et d'où la vue embrassait la campagne jusqu'à une montagne couverte de neige. Léa allait peut-être y flâner chaque jour, en songeant que c'était peine perdue d'avoir lancé sa bouteille à la mer, et qu'un homme qui lui avait répondu aussi froidement ne méritait pas d'être son père.

Son monde à lui était à présent une série d'instants qui le renvoyaient tous à ce qu'il avait été, aux mille détours qu'il avait pris pour échapper à lui-même. Il lui semblait qu'il souffrait davantage qu'il n'avait jamais souffert, parce qu'il voyait ce qu'il avait laissé derrière lui, ces traces infimes déjà presque effacées, et il savait qu'il avait peur que tout cela, cette lettre de Léa et tout ce qui s'était ensuivi, ne fût qu'un mauvais rêve ou une erreur de parcours. Il concevait très bien, contre toute logique, que Léa eût dès lors changé d'idée et que sa lettre n'eût été qu'une fausse promesse, un moment vrai aussitôt renvoyé au monde des illusions, comme tant de choses l'avaient été dans sa vie : non pas les plus banales, celles qu'il enregistrait avec précision, mais les plus importantes, une jeune fille assise à ses côtés à la montagne et qu'il aurait dû embrasser, un livre dont il avait parcouru toutes les pages, ligne par ligne, sans vraiment l'avoir lu, une Française du Midi brûlant comme feu de paille, vite passée du côté des ombres, et jusqu'à Léa, devenue comme l'abstraction même de la première enfance, image à laquelle il fallait bien se cramponner parce qu'il n'y avait rien d'autre, pas d'autre possibilité de substance et de matière palpable, rien que cette chair de sa chair, comme on disait, sauf que la chair s'envolait en fumée, se dérobait à mesure jusqu'à ne plus être qu'un négatif de ce qui est. Vieille phrase de son enfance, tant de fois rabâchée jusqu'à ne plus savoir ce qu'elle voulait dire : « Le Verbe s'est fait chair », mais du plus lointain passé jusqu'à maintenant, cette phrase avait été un mauvais jeu de mots, un comble d'ironie jeté au visage des innocents ou tout au mieux un événement incroyable qui s'était produit dans un autre monde, par la grâce de quelque Dieu cascadeur du Verbe qui en avait assez de parler pour ne rien dire (seul avec lui-même !) et qui avait résolu de passer à l'acte, au risque d'être un peu moins Dieu et de devoir manger, tousser, roter et faire caca, comme tous ceux et celles qui souffrent du suprême défaut d'être visibles. Mais, pour le reste et pour lui, Jérôme, tombé sur terre comme un accident sidéral, fils d'ancêtres amoureux du néant, eh bien cela avait marché tout autrement, et non seulement les mots étaient restés bien en deçà des vulgaires opérations du corps, mais la chair elle-même s'était dissipée. Partie ! Envolée ! Adieu, grande masse inerte, magma bedonnant, ventre mouillé, giclées de sperme en état d'apesanteur, mains qui étreignent la glaise et se plongent dans la boue, chair qui régurgite et expulse, qui bave et qui grelotte, adieu surtout, fille qui n'a jamais été moi ou si peu, et si tu es chair, sois-le ailleurs loin de mes yeux, poursuis ailleurs ton destin de vivante.

Allait-il donc, honteusement, pathétiquement, lui demander l'aumône ? Donne-moi mon corps, là, place ta main sur mon front et appuie très fort pour que la matière y perde conscience, presse-moi comme une boule, jusqu'à écraser, tout, pieds et mains, du sexe jusqu'aux cheveux, et les yeux surtout, efface-les de la surface ou tourne-les au-dedans. Ne pas voir, ne pas te voir, ni rien au monde, peut-être encore entendre à la rigueur, comme un murmure lointain, un sifflement du vent qui s'éteint déjà au bord du seul souvenir d'une oreille. Et alors, pensait-il, ta main pourra faire le tour de cette boule, la tenir au creux de sa paume ou la faire rouler sur la table, et alors, alors, cette boule compacte sera peut-être autre chose que du vent, alors une bouche se creusera peut-être comme une ride, un mince sillon à la surface de ce petit monde de muscles et d'eau saline, alors elle crachera, elle aura un hoquet interminable, elle remuera une langue épaisse et crevassée, et elle tirera de ses invraisemblables cordes vocales tendues à se casser au fond de la gorge, un ou deux sons rocailleux, barbares, des sons de caverne, de soif primitive et de douleur qui ne sait pas chanter. Alors seulement, cette bouche affreuse et laide commencera à être ma bouche, pourra articuler péniblement ton nom et le mien, et mes lèvres se poseront sur ta joue pour s'y brûler.

Plus tard il se relèverait transformé, il les imaginait alors elle et lui, tous deux sur son balcon arrière à crier dans la nuit jusqu'à réveiller les morts, ils criaient, ils hurlaient simplement pour régler son compte à tout ce qui n'avait pas été, pour se soulager enfin du peu de poids de l'existence, pour nier la possibilité même que tant d'absence eût pu avoir lieu. Et puis non, non, c'en était trop, et il se désespéra un peu plus, ces jours-là, à l'idée que Léa lui rirait au visage en apprenant qu'elle avait pour mission de donner du poids à un fantôme.

* * *

Et puis il fallait bien que cela vienne, il le savait tout en cherchant à ne pas y croire, et ce fut un événement aussi soudain que naturel, la voix retentit au bout du fil, très proche comme si Léa s'était trouvée dans la rue voisine et qu'il avait pu l'apercevoir à sa fenêtre ou à son balcon, dans la rangée d'immeubles entre lesquels des lilas devenus pâles neigeaient toujours, en rêvant à une séance de cris à tue-tête par une belle soirée d'été commençant, quand même les morts ne dorment plus et que la chair ne demande qu'à être. Au son du téléphone, il courut à l'intérieur en laissant la porte grande ouverte et voilà que, cette voix étrangère qu'il avait tant de fois cherché à se représenter (à partir d'une image de Léa qui était de toute façon complètement gratuite), cette voix s'adressait à lui et à personne d'autre, plus que jamais sans visage, car elle n'était que voix : la voix de Léa, avec cet accent du Midi qui la rendait presque invraisemblable — et il se rendit compte du même coup que la seule autre chose qu'il connaissait vraiment d'elle, c'était son écriture, ses petites lettres fines en lignes légèrement ascendantes lues et relues cent fois.

Alors il fut suspendu à ses mots, mais ses mots étaient rares, ils ne venaient pas facilement car elle devait chercher des façons de ne pas poser à un père qu'on n'a pas vu depuis tant d'années des questions banales, du genre *comment vas-tu*, et en même temps, elle cherchait à faire naturel avec une maladresse émouvante. Elle dit : « J'ai longtemps hésité à écrire », et dans cette seule phrase qui se déposait là dans le vide de l'appareil, il fut surpris de retrouver aussi la musique de la voix d'Arlette, qu'il en était venu à détester dans sa mémoire et qui maintenant le déroutait parce qu'elle s'était transmise, comme cela arrive si souvent, avec la voix, plus encore qu'avec le visage. Il dit : « J'attendais ton appel », mais d'une certaine manière, cette phrase trahissait son attente, elle lui donnait une allure normale alors que tout avait été et demeurait si chaotique, mêlé à trop d'amertume et de peur.

La menace d'un nouveau silence, chaque fois plus gênant, pesait sur tout et elle dut sentir instinctivement qu'il fallait commencer par les faits. Elle lui demanda s'il vivait seul ou s'il était marié, évoquant par cette seule question la possibilité d'une autre vie qu'il n'avait pas eue, et il répondit : « Non, j'ai toujours vécu seul », en appuyant involontairement sur le mot *toujours*. Il pensa qu'elle ne voulait pas lui demander directement s'il avait des enfants, et non, bien sûr qu'il n'en avait pas, et pour le reste, il savait bien que tout ce qu'il dirait, sur son métier de photographe, sur l'appartement qu'il habitait, il ne pourrait en parler avec enthousiasme mais seulement établir qu'il avait vécu cela et que c'était ainsi, à prendre ou à laisser, une vie comme une autre dont il n'y avait pas à faire grand état. Il passa vite là-dessus, comme on saute un épisode gênant, qui s'était prolongé au delà de toute décence, la durée approximative d'une vie de jeune femme.

Il ne se rendit compte qu'au bout de quelques instants qu'elle le tutoyait : c'était normal et pourtant ce tutoiement lui sembla comme la chose la plus belle qu'il eût jamais connue, non pas de cette beauté des choses qui passent, comme les visages et les lilas, mais comme ce qui nous rejoint là où nous sommes cachés, même à nos propres yeux.

— Et toi, dit-il d'une voix haletante, qu'est-ce que tu fais, où est-ce que tu habites ?

Il l'imaginait assise sur un divan, les jambes allongées et croisées, avec ses petits souliers à talons pointus ne tenant plus qu'au bout de ses orteils, prêts à se détacher et à tomber sur le tapis, et elle avait la tête penchée à droite, du côté où elle tenait le récepteur, puis il eut l'impression qu'en un éclair, il survolait la ville lointaine à vol d'oiseau, il se guidait sur l'immense aqueduc qui transportait l'eau des montagnes voisines, et il cherchait du regard sa rue et sa maison, et la pièce où elle était assise ainsi à lui parler. Il fut agacé d'apprendre qu'elle vivait toujours avec sa mère car, dans tous les scénarios qu'il avait prévus, Arlette n'était jamais présente, elle demeurait injustement l'ombre qu'elle aurait toujours dû être : morte ou disparue.

D'où il se tenait, debout dans le corridor, il voyait la cuisine et la porte arrière qui était restée béante et qui se refermait légèrement, poussée par le vent. Il sentit le courant d'air l'effleurer, il demanda :

— Tu es encore aux études ?

Elle avait terminé son lycée et elle suivait des cours de théâtre.

— Mais au fond, dit-elle, je voudrais écrire.

— Des poèmes, des romans ?

— Je ne sais pas. Ce que j'ai écrit jusqu'ici ne vaut pas grand-chose. Il faut que je travaille encore.

— Ca n'est pas un métier facile, soupira-t-il.

Puis il ajouta aussitôt, presque sans le vouloir :

— C'est drôle de t'entendre. Tu as une belle voix.

À présent, les souliers de la jeune femme devaient être tombés sur le tapis. Elle avait toujours les jambes croisées, elle restait là, ses yeux très maquillés à l'écoute du silence au bout du fil, le même silence qu'il entendait, lui, en y cherchant un bruit de respiration, un souffle qui franchissait l'espace. Si elle avait des larmes dans les yeux ou si elle les avait fermés, il ne le saurait pas.

— Oh ! finit-elle par dire après quelques instants, une belle voix, ça n'est pas suffisant.

Il ne sut pas pourquoi elle disait cela. Il y avait à nouveau beaucoup d'espace entre eux, il ne pouvait plus imaginer qu'elle soit sa voisine, même si rien dans l'appareil n'avait changé. Il pensa que chez elle c'était la nuit, une nuit qui l'emportait et qui le laissait loin derrière. Il risquait à tout moment de retomber et il sentit tout à coup la distance qui les séparait comme un danger, qui rendait possibles tous les imprévus, toutes les erreurs.

— Ta mère, elle est au courant ? Elle sait que tu m'as rejoint ? demanda-t-il.

— Bien sûr. Elle m'a laissée faire, elle a compris qu'elle ne pouvait pas faire autrement.

Il n'osa pas lui poser tout de suite la seule question qui importait, sans laquelle tous ces morceaux de conversation semblaient comme des coups contre une porte qui ne veut pas s'ouvrir. Ce fut elle qui suggéra qu'ils se rencontrent (un peu plus tard cette année, dit-elle sans préciser davantage), et il comprit qu'elle désirait se déplacer elle-même, traverser l'océan pour connaître le monde où habitait son père. Ainsi donc elle allait venir, et il jeta un coup d'œil incrédule autour de lui, en même temps qu'il écoutait la voix au bout du fil, il vit la porte arrière qui s'était rouverte, la table de la cuisine où traînait une bouteille de vin vide, et le couloir lui-même qui donnait sur les chambres (celle-là plus loin, la plus petite, où elle avait dormi), et tout au bout l'entrée du salon, flanquée d'un petit miroir trop éloigné pour qu'il pût apercevoir clairement son propre visage.

— Entre-temps on pourra s'écrire, ajouta-t-elle avec un rire, comme si elle voulait minimiser le sérieux de cette proposition.

— Oui, bien sûr qu'on va s'écrire.

Ils continuèrent un peu, il se sentait épuisé, comme si chaque phrase et chaque silence avait exigé de lui un effort considérable. Quand ils eurent fini (sans vraiment finir, avec des au revoir embarrassés), il garda quelques instants la main sur l'appareil, sans pouvoir bouger, en se demandant ce qu'elle faisait à cet instant même, à présent qu'elle avait comme lui raccroché l'appareil. Par la porte du balcon restée ouverte, le soleil bas venait de pointer entre deux immeubles jusque dans le corridor où il se tenait, rendant son ombre si étirée que sa tête se perdait au loin, bien au delà du petit miroir et du mur du salon. Il y avait à nouveau tous les bruits du soir qu'il avait cessé d'entendre durant sa conversation avec Léa : les voitures qui klaxonnaient au loin, les enfants qui jouaient en bas en criant sur toutes sortes de véhicules, tricycles et bicyclettes, voitures sport en plastique, planches à roulettes crissant de temps à autre dans le gravier, et la voix des voisins qui se parlaient (sans qu'il pût distinguer dans quelle langue) comme on se parle au plus beau du printemps, le soir, pour se prouver que la terre tourne et pour voyager dans le monde des autres, entre les espoirs et les malheurs.

Il ressortit sur le balcon, portant en lui Léa comme un sanglot dans la gorge qui ne voulait pas remonter, et il s'appuya de ses deux mains contre la rampe du balcon, glacée malgré la chaleur qu'il faisait. Tout était si proche, les lilas, les autres immeubles, presque à portée de main et pourtant si lointain, comme s'il avait eu à faire un voyage encore plus long que celui de Léa pour atteindre ce lieu qu'il habitait depuis si longtemps. Il resta à attendre, jusqu'à ce que le soleil franchisse l'espace libre entre les deux immeubles et laisse place lentement aux démons de la nuit.

* * *

Elle était assise ici, ce devait être autour du 700ᵉ jour, elle pouvait déjà prononcer beaucoup de mots, comme *encore*, *lait*, *chien* et *soleil*, et elle étendait sur la tablette de sa chaise ses restes de nourriture, elle en lissait la surface avec une application d'artiste ou de ménagère en train de laver un dessus d'armoire ou un plancher. Tout autour, le monde qui lui était promis n'existait pas encore, ou si peu, et il semblait à Jérôme que ce monde n'avait plus, de fait, la moindre importance, qu'il était devenu un détail inutile. Ce n'était pas possible, il n'avait pas le droit de penser comme cela, mais il assistait impuissant à ce spectacle, comme un homme ivre qui ne peut plus qu'imaginer les gestes à accomplir pour atteindre un but. Même quand il caressait Arlette, pour se convaincre de son propre désir, il ne caressait plus rien, elle n'existait plus que par accident, ou par le souvenir, et ce qui devait se passer dans sa tête à elle lui faisait peur. Puis il tenait Léa contre lui et il pensait que, à force de l'aimer ainsi, il finirait par la broyer. Quand elle était proche de lui, il sentait une émotion si forte qu'il lui semblait se perdre dans cette seule sensation, un spasme violent à l'intérieur, au milieu du ventre. Cela ne durait pas longtemps, juste assez pour que ses mains deviennent moites et se crispent et qu'une force venue de nulle part le traverse, tandis que Léa appuyait sa tête contre son épaule en la croyant douce et protectrice. D'instinct, il l'éloignait de lui à bout de bras, il la faisait sauter dans les airs pour jouer ou il la déposait par terre, ce qui la faisait pleurer et tendre les mains vers lui. Longtemps après son départ à elle et à sa mère, il avait gardé en lui cette sensation puissante et un peu hébétée, ce souvenir d'un grand bonheur et aussi d'un danger qu'il avait voulu fuir.

* * *

Jeanne Beaugrand disait qu'il fallait que le temps fasse son œuvre, que les mots écrits étaient peut-être meilleurs, dans de telles situations, que les paroles et les face-à-face qui devaient venir à leur heure, faute de quoi on risquait de tout gâcher. Elle était curieuse de connaître les développements et elle s'était arrêtée un matin au studio, en descendant la Côte. Elle avait jeté un coup d'œil à son propre portrait dans la vitrine selon son habitude, puis elle avait poussé la porte en hochant légèrement la tête et après qu'elle se fut assise dans l'un des quatre fauteuils prévus pour les clients, Jérôme lui avait servi un café et il lui avait raconté, autant que cela était possible, l'appel de Léa.

Jeanne paraissait plus fatiguée qu'à l'ordinaire, elle faisait le quart de nuit au service d'écoute pour la deuxième semaine consécutive à cause d'un manque de personnel et, par-dessus le marché, elle avait eu droit à la kyrielle des habitués, à tous ces Roger et ces Monique (elle citait ces deux noms-là parce qu'ils étaient les plus connus), qui vous déversaient leurs angoisses à deux heures du matin, des angoisses qui se ressemblaient terriblement d'un jour à l'autre et qui se répercutaient en appels si nombreux et insistants que le service devait parfois émettre une consigne recommandant de ne pas prolonger indûment la conversation. « Ah ! si vous saviez de quoi les gens peuplent leur petit monde, avait dit Jeanne en entrant (il s'était demandé si elle ne faisait pas en même temps allusion à lui, mais c'était absurde, elle était beaucoup trop polie pour ça), combien ils ont besoin de tout raconter, en long et en large et de a à z, même quand on est soi-même au degré zéro du moral et que même vos chiens semblent vous regarder avec un accent de pitié. » Mais immanquablement elle se laissait prendre, une voix commençait à raconter sa vie et c'était Monique, dont le nom s'épelait d'ailleurs avec un k, ce qui permettait de la distinguer des autres Monique et notamment de celle avec un c, — cette Monik donc, qui commençait toujours en précisant que c'était bien elle, Monik avec un k, et qui avait la réputation de faire des propositions de rencontres romantiques à tous les écoutants masculins, hélas peu nombreux. Elle déprimait, ce soir-là comme les autres, sur le sort de ses plantes vertes, elle cherchait depuis une éternité à trouver le juste équilibre entre l'excès et le manque de soin, et la nuit dernière elle s'était longuement désolée de la mort d'un cactus auquel elle tenait beaucoup, dont elle connaissait même le nom latin, *euphorbia* quelque chose, et qui avait succombé à un excès d'arrosage. Monik avait tendance à interpréter toute sa vie, toutes ses relations avec les autres à la lumière de tels événements, ce qui n'était pas sans intérêt car cela lui permettait de rendre compte en passant de ses dernières lectures sur la signification des gestes quotidiens et sur la symbolique des fleurs et des plantes vertes, sauf qu'à la fin cela finissait par tourner au flot de paroles, à un déluge de mots qui produisait un effet hypnotique car Monik avait la voix chaude et envoûtante, et il fallait se secouer à un moment donné pour mettre un terme à l'enchantement et lui faire comprendre que cela suffisait pour ce soir-là.

Quant à Roger-du-Vietnam, continuait Jeanne en se laissant verser une nouvelle tasse de café, c'était un cas pathétique car il ne séduisait vraiment personne et il avait pour ennemi nul autre que l'État, un être immense et invisible qui lui en voulait personnellement. Il y aurait eu selon Jeanne tout un reportage à faire dans le journal sur des histoires comme celle de Roger, qui devait son surnom au fait qu'il était l'un des rares Québécois à s'être portés volontaires pour aller défendre la plaine de Saigon durant l'offensive du Têt par le Vietcong, avec les GI américains. Il avait réalisé là-bas des actions qu'il qualifiait volontiers d'héroïques et il prétendait avoir reçu une décoration de l'armée américaine à son retour. À présent, Roger-du-Vietnam militait dans une association pancanadienne cherchant à obtenir du ministère des Anciens Combattants, sourd à toutes les requêtes, l'érection d'un monument dédié aux volontaires morts durant cette guerre. Les résultats étaient lents à venir et Roger ployait sous le poids des mauvais souvenirs. Il se morfondait en récriminations et en amertume dans sa chambre du centre-ville d'où il risquait d'ailleurs d'être expulsé, et on pouvait craindre pour son équilibre mental.

— Excusez-moi de vous déballer tout ça alors qu'il se passe des choses si importantes dans votre vie, dit-elle en s'interrompant tout à coup. Tous ces appels de nuit finissent par déteindre sur moi. Le jour, c'est plus léger, les gens appellent souvent pour passer le temps.

Elle ne cessait pas de l'étonner, et Jérôme se disait que c'était curieux, toutes ces histoires tombées d'on ne savait où, racontées par des gens qu'elle ne verrait jamais. Pour lui, par la force des choses, c'était plutôt le contraire, il ne pouvait que voir les gens dans le quartier sans rien connaître de ce qu'ils avaient dans la tête, il se promenait entre le parc et la Plaza, ou plus haut, entre l'hôpital des enfants où Léa avait vu le jour et la montagne où dormaient les morts, et il n'y avait qu'un profond silence à peine couvert par le bruit des voitures et des ambulances. Il redescendait dans le parc par les soirs de beau temps, et c'était une valse fantômatique, un ballet bavard, une clameur d'enfants, un château en Espagne ou, comment savoir, un cimetière des illusions — et toujours cette lente circulation s'alanguissait vers la nuit, chacun venu de partout s'en allant nulle part, dans un chuchotement de paroles à peine audibles et des silences qui en disaient long, et des sourires parfois au coin des tilleuls, sous la lumière violente des réflecteurs braqués sur les losanges verts des terrains de balle molle, au bord desquels il allait s'asseoir. Un coup de bâton résonnait et il y avait tous ces regards comme captés par la balle, emportés très haut dans les airs. Sur les talus, des visages se frôlaient, des chiens regardaient le temps passer. Cela avait été la couleur de sa vie, une couleur formée de toutes les couleurs et qui tournait sur le disque juste assez vite pour tendre vers le blanc absolu.

— Parfois je vous envie, dit Jeanne tout à coup (et il sursauta, parce qu'il était distrait et que cette phrase le surprenait). Oui, continua-t-elle, je me dis que jamais il ne pourra m'arriver ce qui vous arrive à vous.

Il se demandait si elle se rendait compte de tout ce que ce retour des choses pouvait remuer en lui. Oui, bien sûr qu'elle le savait, on sentait qu'elle comprenait presque tout à cette espèce de pétillement au fond de ses yeux, mais en même temps elle devait se dire qu'il y avait des murs du silence à ne pas franchir.

— C'est drôle, dit-il, quand j'essaie d'imaginer de quoi elle a l'air, c'est toujours la même image qui vient : elle a une petite jupe étroite et assez courte, des souliers rouges à talons très pointus et elle est trop maquillée. Elle a l'allure d'une vendeuse de boutique chic ou d'une secrétaire qui soigne trop son apparence.

— Je suppose que tous les pères veulent avoir une fille séduisante. Et en même temps ça leur fait peur.

— C'est possible.

— De toute façon, elle va sûrement vous envoyer une photo.

Lui aussi allait lui envoyer la sienne, il ne pouvait pas l'ignorer, mais il n'était pas pressé outre mesure, à la rigueur on pouvait corriger les mots, même regrettables, mais un visage était donné une fois pour toutes et on ne pouvait plus le reprendre. Et puis, il détestait se faire photographier, comme ces médecins qui soignent les autres et ne veulent pas se soigner eux-mêmes.

— Et alors, votre voyage ? demanda-t-il à Jeanne.

Cette question l'anima de plus belle, elle était surexcitée à l'idée de partir pour Rome, même si elle savait qu'elle devrait traverser l'épreuve de quatre jours de congrès (une tour de Babel, quinze langues, vingt-deux pays représentés) qui traiterait entre autres choses du problème de la dépendance téléphonique, de tous ces Roger et ces Monique devenus des parasites du système sans qu'on puisse faire grand-chose pour eux, sinon les écouter toujours davantage et, au mieux, les aiguiller vers des thérapies dont ils ne voulaient pas. Mais après, grands dieux, après, elle allait se gaver de soleil italien, de ruines et de Vatican, elle qui avait si peu voyagé parce qu'elle avait eu un mari sédentaire qui détestait les avions et les hôtels et qui préférait faire du tourisme dans les livres et les albums, comme si c'était la même chose ! s'indigna-t-elle en montrant par là que sa rancune était loin d'être morte contre cet homme parti sur le tard fonder une nouvelle famille.

— À propos, commença-t-elle (mon Dieu, il faut que je me sauve tout de suite après !), savez-vous que je l'ai revu ?

Au fond, elle aurait préféré ne pas en faire mention mais puisqu'on y était, aussi bien parler franc. À vrai dire, la rencontre n'avait même pas eu lieu par hasard, mais plutôt par défi, elle y pensait d'ailleurs depuis un certain temps, depuis qu'elle avait appris par une amie commune que son ex-conjoint avait réalisé son rêve et voguait en pleine paternité heureuse, toutes voiles dehors. Et puis, elle ne pouvait tout de même pas s'interdire à jamais les lieux où elle craignait de les rencontrer, lui ou sa Marocaine fertile, une très belle femme il fallait l'admettre et avec laquelle il devait voyager à nouveau par procuration, en imaginant de somptueux rites berbères ou la place Djemàa el-Fna au petit matin, s'emplissant de conteurs et de magiciens. Les supermarchés de Snowdon, elle pouvait s'en passer merci, et fort bien se nourrir, mais la Bibliothèque de l'Université qu'elle avait évitée pendant quatre longues années, si proche de chez elle et si utile au moment où elle partait à la découverte de l'Italie, c'était une autre histoire. Ainsi donc, elle s'y était rendue, pénétrant pour la première fois dans l'immeuble nouvellement construit (elle ne connaissait que les anciens locaux, sombres et étriqués, et elle en voulut à l'architecture de souligner ainsi à ses yeux que son ex-conjoint avait accédé à un monde meilleur, plus radieux et plus jeune). Se trouvait-il à sa pause-café ? Elle ne l'avait pas aperçu tout de suite et elle avait pu se faufiler, le cœur battant, vers le comptoir d'information et les fichiers, noter quelques titres, puis se risquer plus que témérairement à l'étage des ouvrages de référence, en sachant d'ailleurs très bien ce qu'elle faisait (cela aussi elle ne pouvait pas s'en cacher), car c'était dans le secteur de la référence, à l'époque du moins, que la future flamme de son mari exerçait ses charmes et son talent, fraîchement diplômée en bibliothéconomie après être arrivée ici encore adolescente en compagnie de ses parents.

Évidemment, il était complètement naïf, reconnaissait Jeanne, de croire que son heureuse rivale se trouvait toujours là : on pouvait constater tout de suite qu'il y avait beaucoup de nouveau employés, et puis rien ne prouvait qu'elle avait continué à travailler après la naissance de l'enfant. Et pourtant son sixième sens avait promis à Jeanne que l'autre allait apparaître d'un moment à l'autre, au détour d'un rayon, tandis que l'*Encyclopedia Universalis* s'étalait devant elle sur le comptoir, grande ouverte à la lettre R pour Rome, et qu'elle cherchait vainement à se plonger dans l'histoire d'Énée et de Romulus, des rois étrusques et patati, et patata (il y en avait des colonnes et des pages), et son sixième sens ne l'avait pas trompée, la déesse aux yeux noirs était apparue, à peine moins jeune qu'avant, sauf pour une chose qui crevait les yeux, foudroyante tant elle était simple et, il faut bien le dire, belle, belle à pleurer : un ventre gros comme ça, qui prenait toute la place, apparu joyeusement à l'angle d'une étagère pleine de gros volumes, et s'avançant le long des comptoirs où s'affairaient des étudiants, un ventre-ballon qui venait vers elle et ne lui laissait même plus la chance de se dérober, de se plonger jusqu'au nez dans les viccissitudes de l'Empire et les péripéties des batailles contre Hannibal. L'autre l'avait vue, c'était certain, et ce n'était pas sa faute, à la belle jeune femme, si elle se dirigeait vers une étagère toute proche pour y chercher un dictionnaire, ce qui lui causait un certain embarras, sans doute, mais aussi quelque chose d'autre qui brilla un instant dans son regard, lui sembla-t-il, et qui n'était pas même de l'agressivité : de la sympathie plutôt, comme si elle cherchait à lui dire en silence qu'il ne fallait pas lui en vouloir, que personne n'y pouvait rien si la vie se passait ainsi, aussi généreuse dans ses fruits qu'indifférente aux laissés-pour-compte.

Ainsi donc ils en attendaient un deuxième ! *L'Encyclopedia Universalis* était restée grande ouverte sur le comptoir et quand Jeanne atteignit presque en titubant le rez-de-chaussée, elle ne fut pas surprise de l'apercevoir, lui, assis au fond derrière un bureau, ses lunettes en demi-lune sur le bout du nez, en train de parcourir un dossier. Il n'avait pas tellement changé à vrai dire, il se vêtait toujours de complets très sobres, gris rayé de préférence, et à le voir ainsi, elle aurait pu se figurer que la déesse enceinte là-haut n'existait plus, que tout était comme avant et qu'elle pouvait s'avancer vers le comptoir des prêts pour attirer son attention en lui faisant un signe de la main. Elle craignit qu'il relevât la tête mais il était très absorbé et elle en profita pour filer vers la sortie, ne pensant plus qu'à une chose, oubliant les volumes qu'elle désirait consulter aux étages supérieurs, les albums sur la Sixtine, sur le musée Pio-Clementino et autres hauts-lieux de l'art, obsédée par ce ventre-ballon qui semblait avancer dans toute sa splendeur derrière elle tandis qu'elle traversait en diagonale la cour intérieure.

Elle avait marché, dit-elle, tout l'après-midi, sillonné la montagne dans tous les sens et fait au moins dix fois le tour de l'étang, pour tenter en vain de chasser cette apparition de ses pensées, pour retrouver son calme et sa fierté, car elle en avait n'est-ce pas, mais il suffit de si peu pour que tout s'écroule et pour qu'on ne sente plus rien de tangible à l'intérieur de soi.

Elle s'était levée à présent et Jérôme fit alors un geste qui le surprit lui-même : au moment où elle se retournait vers la porte en s'excusant encore d'avoir trop parlé, il posa la main sur son épaule comme pour marquer qu'il était avec elle et qu'il l'accompagnait en pensée. Une sorte d'appui, qu'elle reçut avec bienveillance.

— J'ai trouvé de bons livres sur Rome à la librairie, dit-elle en clignant des yeux. Mais ils sont un peu chers. Il la vit s'éloigner de son pas allègre. Elle allait remonter chez elle, Dieu sait avec quel relent d'envie sur le cœur, et peut-être allait-elle avant de dormir jouer quelques notes sur son grand piano à queue, sous le regard attentif de ses chiens. Puis il se rappela qu'elle lui avait avoué un jour ne plus jouer que rarement, car la musique était devenue difficile pour elle depuis que son mari était parti.

* * *

Jeanne Beaugrand, vraiment, débitait toutes ses histoires avec un tel entrain qu'on aurait cru qu'elle les vivait en même temps, mais Jérôme avait surtout été heureux qu'elle s'informe au sujet de Léa, dont l'absence ne ressemblait en rien à ce qu'il avait pu connaître, car l'avenir change tout et il n'était pas habitué à l'avenir. Il comptait les jours d'une autre manière, mais ce qui était curieux, c'était en même temps tout ce passé qui faisait des bulles à la surface, ce passé qui protestait contre le triste sort qu'il lui avait fait. Il y en avait toujours plus, bien au delà d'Arlette et de Léa, jusque dans ces années où il lisait encore des livres de fous et de saints, ses années de collège sans oasis en vue, sans étreintes torrides sur des dunes à l'ombre des palmes ou dans des lits profonds comme des tombeaux (ou étaient-ce des divans ? il ne savait plus), années néfastes d'où émergeait à perpétuité ce vieux professeur à la figure bovine qui ne cessait de poser d'une voix tremblante de malice le problème des deux trains qui se rencontrent en basse campagne, et qui était maintenant accompagné d'un autre, un homme à soutane et à cheveux gris qui savait son latin sur le bout des doigts et qui répétait d'une voix de plus en plus indignée : « La nature a horreur du vide ! La nature a horreur du vide ! », avant d'abattre avec colère un poing sur la table en gémissant : « Mais cette phrase, bande de perroquets, est une erreur, une stupidité ! » ; puis il se déchaînait contre tous les ignares de la terre, y compris ceux qui à cet instant même somnolaient dans cette salle, mais les pires, les pires c'étaient ceux qui ne dormaient pas, qui coulaient sciemment dans l'imbécillité, comme ce Jérôme par exemple (il pointait sur lui un doigt indigné), Jérôme qui ne répétait même plus bêtement des formules toutes faites, qui osait plutôt remettre des copies aux trois quarts blanches avec quelques misérables ébauches de réponses laissées en plan. Puis le Jésuite à la mâchoire toujours crispée quittait la salle avec fracas en faisant claquer la porte, les laissant là comme de vulgaires oiseaux en cage à attendre qu'il revînt pour continuer sa leçon, remis de sa saute d'humeur aussi violente qu'incompréhensible, frais et dispos pour leur parler des atomes crochus de Lucrèce ou de quelque autre sujet ancien dont il se délectait.

Bien sûr que la nature n'avait pas horreur du vide, en tout cas pas la nature de Jérôme, mais cela il n'en était pas encore tout à fait convaincu, il lui avait fallu attendre à plus tard, jusqu'à Arlette et tout ce qui s'était ensuivi, et dans cette valse de son passé charognard qui cherchait en lui de quoi grignoter, c'était bien elle, la toujours vivante, la mère bienheureuse de Léa, elle qui avait vu grandir sa fille et qui avait dû l'endoctriner joyeusement à propos d'un père de toute façon impalpable et inconnaissable, c'était bien elle qui revenait frapper à la porte de l'avenir pour lui en parler, justement, du vide, des trous béants affectant sa mémoire supposément infaillible, de ses amnésies grossières et pour tout dire comiques. Il semblait à Jérôme qu'elle n'était restée là que pour cela, comme une autre conscience qui l'observerait toujours par-dessus l'épaule de Léa, pour lui reprocher le dévergondage passager (mais impardonnable) qui s'était emparé de lui, quelques mois avant la fin, tandis que Léa serrait à deux mains son biberon au fond de son lit avant de dormir, Léa qu'il n'allait quand même pas écraser comme on écrase par mégarde de petits animaux et qui le rendait, ma foi, un peu gaga au dire d'Arlette. Tout autour, le monde qui existait si peu s'empiffrait d'un autre printemps, et lui-même qui savait moins que jamais ce qu'il faisait rapportait de ce monde une sorte d'agitation plus grande qui inquiétait Arlette, elle qui se contentait le plus souvent de promener Léa dans le quartier, qui se disait en vacances forcées et contente de l'être, nullement soucieuse de se chercher tout de suite du travail ou de poursuivre ses études. Des défilés incessants se déroulaient pendant que Léa s'endormait en tétant son biberon, dans l'ombre protectrice d'Arlette qui l'aurait donc à elle toute seule une soirée, des espèces de cérémonies fébriles qui faisaient entendre leurs cantiques et leurs imprécations, tout cela bourdonnait dans les oreilles de Jérôme et se défaisait sous ses yeux tandis qu'il s'efforçait de le photographier pour le journal afin d'en montrer la réalité. Bruits de corps qui se heurtaient, chevaux aux naseaux écarquillés qui hennissaient dans la nuit et trébuchaient comme s'ils étaient ivres sur des bouteilles de boisson gazeuse, voitures de police qui flambaient, les quatre roues tournées vers le ciel. Un soir, caché dans une entrée de magasin, sa caméra brisée dans une bousculade, il avait eu peur (car il savait que même son métier ne le mettait à l'abri de rien) en entendant distinctement le bruit des matraques contre un manifestant qui n'avait pas fui assez vite, son souffle était resté suspendu dans ce cognement sourd et répété, tantôt sec, tantôt aussi aussi mou qu'un oreiller frappé du poing. L'homme, plutôt jeune et imprudemment vêtu d'un seul t-shirt, était maintenant couché sur le sol, fœtus recroquevillé, sous les yeux de Jérôme haletant entre deux vitrines où rêvaient des mannequins de glace au regard blanc, et parmi les cris et les jurons il entendait toujours le bruit de ces coups dans des muscles et des os, comme si ceux qui frappaient avaient besoin, eux aussi, de se prouver qu'il se trouvait bel et bien un corps et non pas une ombre impalpable qu'agrippaient leurs mains gantées. L'homme avait une tache de sang dans les cheveux quand on l'avait relevé et il marchait comme un pantin mal articulé. Jérôme avait eu juste le temps de se glisser le long des façades vers la ruelle la plus proche, noire comme un tunnel avec un trou de lumière jaunâtre à l'autre bout où des gens apparaissaient une seconde, au pas de course. La chaîne d'un chien cognait contre la tôle d'un hangar, le chien tirait à s'étrangler et quelqu'un urinait plus loin dans le gravier, à en juger par sa posture dans l'ombre et par le murmure d'un petit filet d'eau, qui faisait penser à une source, entre deux aboiements. Les premières grandes chaleurs de mai ! Jérôme avançait dans la ruelle en écoutant au loin le bruit des sirènes qui s'en allaient, et un peu plus il se serait mis à rire tout seul, doucement, par nervosité ou par une sorte d'excitation qui le poussait à continuer, sa caméra endommagée enfouie dans son sac en bandoulière battant contre sa hanche.

Au sortir de la ruelle, il avait constaté que l'émeute se calmait et presque tout de suite il était tombé face à face, comme ça, par pure coïncidence, avec une vieille connaissance, nulle autre que la fille de la librairie, celle-là même qu'il avait jadis invitée à sortir et entraînée à la montagne pour qu'il y subisse par sa faute le comble de l'humiliation. Elle était seule et venait de manifester comme tant d'autres contre l'ordre établi. Il s'était donné un air dégagé, ils s'étaient demandé des nouvelles l'un de l'autre plus pour la forme que par intérêt (ah ! il avait une famille ? elle non, elle vivait seule en appartement) et il se rappelait surtout la vitesse avec laquelle tout s'était passé, l'instant d'après ils se trouvaient assis à une table dans un bar, elle s'excusait pour se rendre aux toilettes, et au moment où elle reprenait place devant lui, il lui prenait la main qu'elle lui abandonnait volontiers, il n'éprouvait même plus de gêne, seulement le désir fou de corriger à tout prix quelque chose, et cela avait été d'une facilité toute simple : un dernier verre, une course en voiture dans le nord de la ville, une chambre de motel qui se voulait royale, avec une tapisserie rouge imitant le velours et des lampes italiennes aux pieds ornés de petits anges nus, ah ! enfin, enfin l'oasis, le soutien-gorge dégrafé qui s'envolait, le corps brûlant renversé sur un fond de motif floral à la grandeur du lit et le chant douloureux d'une jouissance qui ne voulait plus finir, comme un vent de folie devenu soudain une halte le long du chemin.

Il était rentré au milieu de la nuit après être passé au journal, prétextant la durée de la manifestation et plus tard, dans un jour nouveau qui s'ajouterait aux précédents et révélerait un peu plus de connaissance dans le regard de Léa, il y aurait le journal du soir qui traînerait sur la table, avec une photo sauvée de sa caméra brisée, un cheval de la police cabré parmi des jeunes gens qui cherchaient à l'affoler, et des articles à pleine page sur les événements violents de la veille, y compris le commentaire d'une analyste en furie qui dénonçait toute cette vaine dépense d'énergie proclamant que « la santé mentale était depuis toujours l'une des caractéristiques du peuple canadien-français », ce qui avait suscité chez Arlette une gaieté qu'il ne lui avait pas connue depuis longtemps et que même l'enfant avait observée de ses grands yeux étonnés, voyant sa mère aller et venir dans la cuisine en brandissant le journal et en répétant : « C'est merveilleux cette phrase ! Une perle ! Il faut que je la découpe.» Et elle cherchait partout ses ciseaux qu'elle avait dû égarer quelque part, reprochant même à Jérôme de ne pas les avoir remis à leur place, car on ne les avait quand même pas mangés, ces ciseaux-là, mais qu'à cela ne tienne elle garderait la page entière qu'elle avait pliée en huit et rangée dans son tiroir avec ses affaires, quelques lettres de sa famille et des bijoux dans un petit coffret qu'elle n'ouvrait jamais.

* * *

Il est assis au bord de son lit, il tient entre ses doigts une liasse de feuillets multicolores qu'il vient de commencer à lire, dérangé un moment par la concierge qui est passée sous sa fenêtre en se plaignant très fort contre un enfant qu'elle a dû surprendre en flagrant délit, petit vandale en train de jouer du stylo-feutre contre un mur du hall d'entrée ou venant peut-être de briser une vitre avec sa balle, difficile de savoir car dans de telles situations Marie-Lourdes se parle surtout à elle-même, qu'est-ce que tu as bien pu faire à Dieu tout-puissant pour avoir des locataires comme ça qui savent si mal éduquer leurs enfants, un peu plus elle se mettrait à prier à haute voix, sur le ton de l'outrage et de la pitié qu'on implore, puis elle se calme, toujours plus vite qu'on l'aurait prévu, elle ne se demande plus pourquoi se donner tant de mal pour faire plaisir à un propriétaire qu'une dose supplémentaire de délabrement n'empêcherait pas de dormir, Marie-Lourdes redevient celle que l'on aime croiser dans l'entrée de l'immeuble, la main providentielle qui empêche la pelouse de disparaître complètement, l'âme vigilante qui néglige parfois de changer une ampoule dans la cage d'escalier mais qui s'occupe par ailleurs d'appeler le service d'enlèvement des ordures pour réclamer qu'on le fasse disparaître une fois pour toutes, et si possible avant le prochain hiver, ce réfrigérateur monstrueux qui dort au coin du terrain voisin et qui devient une honte avec tout ce qui s'écrit dessus d'obscène et de raciste. D'une colère à l'autre, Marie-Lourdes connaît de bons moments et Jérôme ne se plaint pas de l'avoir entendue s'éloigner presque en silence en marmonnant encore deux ou trois mots qui n'étaient pas des amen, lui qui se trouve sur le qui-vive, cramponné pour ainsi dire à quelques feuillets de diverses couleurs, bleu, rose, vert tendre, mauve, puis bleu à nouveau, sortis d'une enveloppe et sur lesquels l'écriture de Léa déroule ses petits traits fins, recto verso à longueur de pages.

Bien sûr il savait qu'elle viendrait cette lettre, mais à présent qu'il la tient entre ses doigts, c'est autre chose, d'autant plus que ce n'est pas tout à fait une lettre, et puis il y a ce visage de Léa qu'il ne peut plus ignorer, même si la photo qui était glissée avec les feuillets dans la grande enveloppe la montre en demi-profil assise dans le cadre d'une fenêtre, les genoux repliés avec les mains jointes autour, ce qui lui donne une allure romantique et rêveuse. C'est peut-être ce qu'elle a voulu, se donner un air de jeune femme qui contemple rêveusement le futur, car il est difficile d'imaginer qu'elle n'ait pas fait attention à l'image qu'elle donnerait d'elle-même. Il se demande si c'est Arlette qui a pris la photo, puisque tout indique que c'est à la fenêtre de sa chambre que Léa pose ainsi. Au loin derrière elle, on distingue vaguement des toits rouges diversement inclinés qui s'élèvent en faible pente vers un monument qu'il a tout de suite reconnu, bien qu'il soit à peine visible tant il est minuscule à cette distance et embrouillé : le château d'eau où vient se brancher après sa course entre ciel et terre l'aqueduc à arcades devant lequel il s'est immobilisé tant de fois, durant ses journées de cauchemar là-bas, au bout des jardins donnant sur la vaste campagne, en se demandant s'il fallait rester encore ou bien fuir à toute vitesse cette ville devenue maudite. Oui, étalée là dans un lointain flou, c'est bien la ville où il s'est acharné à chercher une épingle et à empoisonner l'existence des honnêtes gens. Maintenant Léa emplit presque toute l'image, et ce menton un peu fort et ce nez droit, il les a reconnus pour siens, troublé en même temps de retrouver quelque chose de lui-même chez une jeune femme qui lui demeure largement étrangère, et plutôt maigre aussi, avec ses genoux repliés qui apparaissent pointus sous ses jeans et ses bras un peu frêles. Mais bien sûr, elle a les cheveux noirs frisottés de sa mère, seulement beaucoup plus longs, lui tombant sur les épaules et légèrement écrasés par sa tête appuyée en arrière sur le cadre de la fenêtre.

Il s'est mis à lire et à relire, et depuis l'époque où il lisait avec passion les livres de son adolescence il lui semble qu'il n'a jamais lu comme ça, car il reçoit peu de lettres, toutes sans intérêt, et au fil des années son sens de la lecture s'est atrophié, au point où tout ce qu'il lit finit par lui mourir entre les doigts, les lignes et même les mots s'émiettent sous ses yeux, il en distingue soudain chaque lettre qu'il pourrait épeler, ce qui les rend comiques ou boîteux, mais alors il n'y a plus d'histoire, plus rien qu'une lenteur mortelle qui l'amène immanquablement à tout arrêter. Alors que la lettre de Léa, il s'y est lancé à toute vitesse, dévalant la première page en croyant réentendre dans ses mots la voix du téléphone, comme si elle écrivait encore avec son accent du Midi qui prononce les e muets et fait curieusement chanter les phrases, puis il s'est rendu compte que cette première page n'était qu'un préambule où elle expliquait avoir cherché par tous les moyens à écrire une vraie lettre sans y parvenir, sans être jamais allée beaucoup plus loin que cher papa, je vais bien et voici comment se passe ma vie, et puis non, elle n'avait pas pu, peut-être parce que c'était le commencement et qu'elle sentait trop, expliquait-elle, la pauvreté des mots, et alors elle avait eu cette idée qu'il jugerait peut-être frivole, elle s'en excusait, elle s'était laissée aller à inventer une petite histoire, cela s'était fait presque tout seul sans qu'elle eût dû beaucoup réfléchir à l'avance, d'autres mots étaient apparus et tout ce qu'elle pouvait dire, c'est qu'ils lui semblaient plus vrais que les premiers. Elle espérait seulement que ces pages écrites trop vite n'allaient pas l'ennuyer et qu'il pourrait y lire entre les lignes et en apprendre ainsi un peu sur elle. En relisant tout, à la fin, juste avant de lui poster l'enveloppe, elle ne savait vraiment plus quoi penser et elle se demandait si le sentiment de vérité qu'elle avait eu en écrivant n'était pas une illusion. Mais c'était fait et elle jetait, concluait-elle, cette nouvelle bouteille à la mer en promettant que la prochaine fois elle lui écrirait une longue lettre selon les règles, comme les gens en écrivaient autrefois à la lueur d'une lampe, dans des maisons où il fallait faire sa propre musique et où la voix des autres n'avait aucun moyen de vous rejoindre. La page bleue se terminait sur un « je t'embrasse » suivi de sa signature avec un L très grand et bouclé, et en haut de la page suivante, de couleur rose, il y avait un titre en majuscules :

LE RIRE DE L'AVENTURIER

Dans le train, j'avais eu du plaisir à dépasser toutes les gares. Une minute d'arrêt, une voix dans un haut-parleur, puis on glissait de plus belle. Je sentais que l'espace s'ouvrait chaque fois plus profond, plus immense. Puis je sursautais lorsque la tête appuyée contre la vitre, un train rapide venant en sens inverse donnait une gifle à la fenêtre. Plus tard, je ne me suis plus rappelée comment ni pourquoi j'étais descendue. Comme si j'avais été incroyablement distraite, moi qui ai pourtant la tête sur les épaules. Maintenant, je contemplais les vagues à perte de vue et j'aurais voulu marcher sur ces vagues qui semblaient dures malgré leur mouvement. Ma tête sur les épaules me disait que c'était impossible. Alors j'ai fait demi-tour et derrière le sable en pente douce sur lequel ils avaient laissé des tas d'objets, des sculptures à demi défaites, des serviettes aux motifs flamboyants, des livres encore ouverts et des restes de pique-niques inachevés, tout était rose et fermé : hôtels, édifices, maisons aux fenêtres barricadées, avec un bruit de musique et de voix qui semblaient humaines. Ou c'était peut-être mon simple désir que le bruit de guerre des vagues ne soit pas seul au monde. Non, je ne voulais pas avoir peur.

Je pensais qu'on ne sait jamais de quel côté nous vient la surprise. Le voyage paraît aller tout seul, on fait confiance à la succession des paysages et des villes qu'on a vus à l'avance sur des dépliants, dans des albums en couleurs et sur des cartes qui ne laissent échapper aucun nom et qui donnent les distances entre les points. Puis, soudain, tout se détraque. On ne sait plus où au juste on est arrivée et personne ne vous attendait. Mais c'était de ma faute après tout, je n'avais qu'à ne pas partir ou à mieux me préparer. Pourtant j'avais tant espéré tout savoir et ma mère s'était inquiétée que je ne mange ni ne dorme presque plus, ces derniers temps.

Sur une des marches qui séparaient la plage de la rue, des souliers d'enfant traînaient, des petits souliers roses du genre tennis avec des lacets très blancs, très propres. Je me suis penchée, j'ai vu que l'enfant y avait oublié des objets avec lesquels il avait dû jouer : un bout de collier brisé fait de grosses perles blanches et un personnage en caoutchouc, un combattant au visage courageux qui portait un casque et une arme sans doute destructrice. Le guerrier était couché au fond de ce soulier comme au lieu de son dernier repos, prêt à se réveiller si une petite main s'emparait de lui pour le redresser. Je n'ai pu m'empêcher de regarder vers les vagues en me demandant avec terreur si l'enfant ne s'y était pas aventuré en l'absence de toute surveillance. Mais bien sûr qu'il n'y avait rien, ni sur la plage ni dans l'eau. Rien, pas même au loin le mât ou l'antenne d'un petit navire qui aurait su bien naviguer et aborder cette terre où on ne voyait personne.

Cher navigateur, je ne sais plus où je suis, j'ignore pourquoi ils n'ont pas emporté leurs bruits avec eux et pourquoi sur les panneaux de plexiglass à l'arrêt d'autobus, ils ont laissé des messages de détresse. Des mots sombres, griffonnés à la hâte, qui disent que leur âme avait le poids du vent et que les mots même qu'ils employaient pour le dire n'étaient que du toc. J'ai consulté l'horaire affiché sur un poteau, mais c'était évident : les horaires ne servaient plus à rien et aucun autobus n'allait venir. Alors je me suis souvenue du plan de la ville que je transportais au fond de mon petit sac à dos. Je l'ai déplié avec la hâte d'y déchiffrer des noms connus, d'y repérer au moins cette étendue d'eau qui se trouvait derrière moi et qui devait bien avoir un nom, golfe du Lion, océan des Brumes, mer de la Sérénité ou autre chose. Peine perdue. Il aurait fallu qu'un point rouge ou une flèche m'indique fermement, sans discussion possible : « Vous êtes ici ». Tu sais comme moi, cher aventurier, qu'une telle inscription n'apparaît jamais sur les cartes que l'on emporte avec soi.

Je me tenais maintenant debout au milieu de la rue bordée de lampadaires. Découragée, j'ai laissé tomber mon plan de ville qui ne m'avait servi à rien. Ah ! que le vent l'emporte, et je l'ai vu s'envoler à ras de terre vers la plage au moment où je mettais le pied sur le trottoir d'en face pour longer les maisons, les édifices, les hôtels qui murmuraient. Rien de bien concret, ces murmures ! Je veux dire qu'il n'y avait personne, pas un corps, pas une âme qui vive pour les proférer, ces drôles de sons et ces mots confus. Sans doute avant leur départ les habitants s'étaient-ils agités en communications de toutes sortes pour régler leurs affaires. Ou peut-être avaient-ils cherché à mieux savoir ce qui se passait ailleurs, ce qui est bien normal quand on ne peut plus rester là où l'on est. Toute cette agitation avait laissé des traces, des réponses dans le vide et des reportages surexcités. Un répondeur-téléphonique se mettait en marche tout seul et faisait entendre la voix d'une amie ou d'une mère inquiète qui appelait d'une autre ville pour s'informer si tout allait bien. Ou bien, une simple secrétaire désirait confirmer un rendez-vous pour soigner vos dents, vos yeux, votre ventre qui fait mal avant le grand départ. Ou encore, derrière ces contreplaqués à la fenêtre d'un premier étage, fixés à la hâte avec de gros clous mal enfoncés, il y avait un téléviseur qu'on avait oublié d'éteindre en partant et qui continuait de donner des nouvelles de la planète.

Cher navigateur, qu'est-ce que j'invente ? Ma mère m'a appris qu'on a le choix d'être forte ou misérable et que les deux exigent le même effort. Mais à présent que j'avais décidé d'être forte, je pensais à elle qui était restée là-bas. Je savais qu'elle ne pouvait plus rien pour moi, occupée qu'elle était à conserver sa chaleur, à se tâter le cou et les aisselles à la recherche d'une éruption quelconque ou d'une excroissance, là, à la naissance d'un sein lourd. J'étais prise de nostalgie pour la Grande Aveugle qui avait guidé mes pas pendant si longtemps. Je la regrettais comme une étoile qui brille encore même si on sait qu'elle est morte, et Dieu sait qu'elle brillait, dans son noir d'existence, avec ses hommes et ses choses, un noir pas plus noir, non, mais sûrement plus froid que le mien. Je pensais à elle, je la voyais s'en aller, aujourd'hui comme hier, poursuivre ses travaux en couleurs d'une beauté qui me laissait pantoise, parce que je saisissais mal comment une femme qui faisait tant d'erreurs dans sa vie pouvait produire une telle beauté.

Le téléphone sonnait toujours derrière une porte. Qui sait si ce n'était pas elle qui lançait un dernier appel avant d'être une étoile vraiment morte, écroulée sur elle-même à des années-lumières de ma petite planète ? Il y avait un panneau de bois à pousser et de la vitre, et j'ai poussé. J'entendais les vagues exploser encore comme des fusées derrière moi, puis j'ai cessé de les entendre et le téléphone en même temps s'est fatigué de sonner pour rien, au moment même où craquait la dernière planche sous la pression de mes mains et de tout mon corps et que la vitre tombait en éclats sonores. Je suis entrée et j'ai su que tu étais là, à un rien qui circulait. Oui, c'était à peine imaginable, mais tu étais resté, comme parfois ces habitants têtus qui s'agrippent malgré l'annonce d'une tempête ou de quelque autre catastrophe. J'ai pensé à ces vieilles femmes que l'on voit aux nouvelles, à genoux sur des tas de pierre dans des villages dévastés, et qu'on cherche en vain à emmener au loin. Au comptoir de la réception, il n'y avait personne pour m'accueillir et les clés au tableau brillaient toutes en rangées égales, promettant des chambres vides et des lits glacés.

J'en étais sûre à présent : tu étais là et je t'ai aperçu sans surprise, par la porte donnant sur le bar. J'ai vu ton dos immense à faire peur, immobile, et je me suis demandé si ma présence n'allait pas t'irriter tant tu étais massif assis là sur ton tabouret et perdu dans tes pensées, la tête penchée vers l'avant. Une bouteille de vin rouge aux trois quarts pleine traînait sur le comptoir et c'était rassurant de penser que tu venais de commencer, que tu n'avais pas atteint encore, et de loin, ce degré d'ébriété qui fait dérailler les conversations et rend trop heureux ou trop triste. Cher navigateur, me voici, ai-je dit sur mon ton le plus naturel, et si tu savais, si tu savais combien j'aurais souhaité être attendue. Mais tu fixais toujours ton verre, ou la rangée de bouteilles derrière le comptoir avec leurs étiquettes de princes et de marins, de châteaux et de noms étrangers. Peut-être croyais-tu voir la mer elle-même dans ce bar un peu kitsch qui cherchait à imiter l'intérieur d'un navire, avec des faux hublots, des bouées de sauvetage accrochées à un semblant de garde-fou, des sextants, des poissons-scies sur les murs, des bibelots en forme de phares (je pensais à ce vieux bateau en ruines abandonné dans un champ que j'avais vu avec ma mère près d'Aigues-Mortes d'où la mer s'était retirée, mais tout ici était luisant de nouveauté).

Je me suis avancée sans que tu bouges, sans que tu montres aucun signe de mon approche, et je me suis dit que tu devais avoir une grande maîtrise sur toi-même. J'ai touché ton dos, du bout des doigts, parce que c'était cela que tu montrais et rien d'autre. J'ai senti l'odeur de flanelle un peu humide de la chemise que tu portais. Tu devais l'avoir sur toi depuis plusieurs jours, tu avais dû travailler ou marcher beaucoup avec elle. Peut-être avais-tu tourné en rond dans la ville sans te décider à partir et tu avais abouti dans ce lieu où les gens, les hommes surtout, viennent s'échouer quand le destin leur échappe. Ce n'est pas que l'odeur me gênait, elle disait seulement quelque chose de toi sans que tu le saches, et cela me troublait. Dans le hall, le téléphone s'était remis à sonner, il me semblait que les coups étaient de plus en plus espacés ou j'étais simplement épuisée et je perdais la notion du temps, car je n'avais pas mangé depuis mon départ. Et puis, tant d'appels se perdaient dans cette ville à présent, tant de questions demeuraient sans réponse, condamnées à tournoyer dans l'air ou dans des circuits bouclés à double tour.

Ô navigateur sans navire, comment savoir ce que tu voyais ? Étais-tu dégoûté par le départ des autres, par cette ville vide avec ses téléviseurs en marche et ses téléphones éperdus ? Je me sentais mal, ma force allait me quitter et si j'ai posé ce geste-là, c'est que je l'avais posé cent fois en rêve. J'ai appuyé, oui, ma tête contre le haut de ton dos, là où le col de ta chemise s'évasait légèrement et où je devinais la naissance de tes épaules, je n'ai eu aucun souci de ta feinte indifférence ou j'ai supposé que tu étais de ces grands distraits qui ne reconnaissent plus même leurs vêtements, qui oublient où ils sont et le chemin qu'ils ont pris pour y arriver. Était-ce simplement pour écouter, comme si le dos des hommes comme toi avait quelque chose à raconter ? Je peux te le dire à présent : c'était doux, ma tête contre ton dos immense, d'une douceur qui m'a étonnée, moi qui ai appris de ma mère les dangers de la douceur et qui ne sais pas où elle nous mène. Installé à ton rêve de gouvernail, entre des îles ou peut-être des cathédrales de glace que je ne pouvais qu'imaginer, avoue que tu ne t'attendais pas à un tel geste d'une jeune femme assez grande pour dormir et rêver toute seule. Mais c'était ainsi, et si je ne voyais pas pour autant ton visage, tu respirais et je t'entendais respirer, tu buvais et le gargouillis dans ta gorge je l'entendais aussi, et contre la paroi de ton dos mon oreille épiait de drôles de mouvements dont toi-même ne devais pas avoir idée : ton coeur qui battait la mesure et derrière, presque inaudible, ce rire si lointain qu'il m'a fallu m'appuyer davantage pour l'entendre et sentir tes épaules remuer à peine. Un rire que j'ai senti profond, caverneux, ou était-ce un bruit que tu faisais dans ton verre qui produisait cet écho ? Presque un sanglot à vrai dire. Ah ! méfie-toi, disait ma mère très sérieuse même dans ses erreurs, méfie-toi des hommes qui rient trop, ils ne croient en rien et leur désespoir veut nous avaler. J'ai pensé : bon, avale-moi, et j'ai

appuyé ma tête encore un peu plus pour t'entendre rire
et j'ai dit : parle-moi, raconte-moi quand même, dis-moi
au moins que ce fut une petite victoire de ne pas partir,
de te soustraire au cours naturel des événements, tandis
que tant d'autres pliaient bagages et s'affolaient à
l'approche d'une menace encore invisible. Allez, je
t'écoute, raconte-moi leur départ, la rue devenue un
enfer de bruit et de fumée, les enfants qui pleuraient, les
radios qui aboyaient dans les voitures, avec les chiens,
pour mieux orchestrer la panique, la plage qui se
couvrait d'une immense tristesse, raconte-moi et je vais
te souffler les mots s'il le faut, car il doit y avoir eu une
raison pour que tu restes, un souffle de bon sens, une foi
en quelque chose, alors que le chaos faisait ses derniers
ravages et que tu t'avançais maintenant seul sur un
trottoir désert, comme moi, avec le sentiment d'être le
dernier sur un bateau qui tarde à couler.

Et c'est vrai, tu m'as parlé de cela plus tard dans la
nuit. J'avais dû m'endormir et tu m'avais transportée
dans une des chambres où les draps sentaient la lessive
et le rideau de dentelle battait au vent. Puis, tu avais
attendu que je me réveille, et côte à côte devant la
fenêtre ouverte, nous regardions à présent la mer sans y
percevoir rien d'anormal, sans raz-de-marée en vue ni
invasion barbare comme on en raconte dans des livres
qui parlent d'autrefois. La rue tout en bas continuait de
traîner ses échos et de s'éloigner dans une saccade de
feux rouges qui tournaient au vert, régulièrement,
indifférente à l'absence de toute vie. Si tu n'avais pas
parlé, il me semblait que nous-mêmes n'aurions plus été
que des ombres. ....
....
....
....

Sur un dernier feuillet, elle avait ajouté un post-scriptum où elle expliquait que son histoire n'était peut-être pas terminée, mais en fait comment pouvait-on savoir quand une histoire l'était vraiment ? Elle disait aussi : j'ai peur de ce que tu vas penser, mais elle ne tentait ni d'expliquer ni de se justifier. Ce qu'elle avait écrit, c'était à lui de le lire et de le relire et d'en tirer ce qu'il voulait. Peut-être y avait-il dans ce dernier commentaire un soupçon de mauvaise humeur contre elle-même, parce qu'elle s'était laissée aller à révéler des sentiments qu'elle aurait préféré taire.

***

Ses lettres à lui étaient de vraies lettres, écrites sur les feuilles blanches d'une tablette de luxe qu'il avait achetée à la papeterie, modèle « Triomphe » comme l'indiquait la couverture où était reproduite la silhouette de l'Arc du même nom, blanche sur fond bleu glacé. Maintenant que la chaleur venait plus fréquemment, il profitait presque toujours des belles journées pour écrire en plein air, sur son balcon arrière où il installait chaque été une petite table, ou dans le parc quand il n'y avait encore personne sinon au loin le gros homme avec son chien en laisse et sa serviette autour du cou, faisant ses tours de piste avant d'aller au travail, et quelques Chinois, vraiment très vieux et très ridés, des hommes et des femmes maigres qui ne semblaient pas voir du tout le parc où ils se trouvaient ni le gros homme au train d'éléphant à bout de souffle, et qui refaisaient chaque matin leurs lents exercices de tai-chi en cherchant peut-être ainsi à déjouer la mort. Le parc, à cette heure-là, était beau si l'on regardait au loin, car plus près, non loin du banc où Jérôme aimait s'asseoir, la pelouse restait à demi enfouie sous les déchets et débris de toutes sortes, boîtes à hamburgers en polystyrène, verres de carton abandonnés par centaines le soir précédent, bien après que la dernière balle était retombée dans la lumière des réflecteurs vers le gant d'un joueur pressé d'en finir, au moment où les radios à haute puissance avaient cessé de hurler et que le territoire des jeux d'enfants, balançoires et tunnels de béton, ne se prêtait plus qu'à des oscillations plus douces et aux étreintes des adolescents dans la pénombre.

Autour de Jérôme dans le jour retrouvé, des employés d'entretien, par groupes de deux ou trois, recueillaient dans des sacs verts les restes de la fête, et lui, sa tablette appuyée sur la cuisse, s'arrachait un paragraphe de plus, quelques précisions supplémentaires sur la vie qu'il menait, ce qui lui permettait d'éviter le gouffre du passé, ou de n'en retracer que les grandes lignes. Il écrivait, envers et contre tout, et il en était étonné (même si cela confirmait l'opinion de Jeanne Beaugrand selon laquelle c'était comme la bicyclette ou le patin, une fois qu'on savait lire et écrire on ne redevenait jamais plus analphabète — mais enfin, lui faisait-il remarquer, il n'en était pas tout à fait là). Il racontait à Léa sa vie de tous les jours, parlait de son appartement, de son travail, de son quartier dont elle adorait le nom, répétant souvent à la fin de ses lettres : parle-moi encore de ta *Côte-des-Neiges*, il lui décrivait le parc où il était assis pour rédiger sa lettre, et le fait de s'obliger ainsi à lui parler de ce qui l'entourait donnait comme un sens à ses jours, très ténu sans doute et toujours proche de s'écrouler sans le moindre avertissement sous le poids de ce sens plus ancien qui avait fait de son existence la bourbeuse exploration d'un manque et qui pointait encore, contre toute évidence, comme une montre ou une boussole bloquées, vers sa diminution irrémédiable de Jérôme, photographe et père oublié.

* * *

Léa n'avait aucun souvenir de lui, ni du voyage fait en catastrophe avec sa mère, ni du ciel au-dessus des nuages, ni de rien. Elle lui parlait de son enfance comme on met en place les morceaux d'un casse-tête : la petite école et l'institutrice qui lui avait appris les noms et les couleurs des pays sur une mappemonde, l'accident de voiture qu'elle avait eu à six ans avec sa mère (la roue arrière gauche détachée sur la route d'Aigues-Mortes, le dérapage dans le fossé, l'hôpital où pendant des semaines elle avait eu sa pauvre petite jambe suspendue à des cables et à des poulies qu'elle appelait par erreur des *attractions*), et l'angoisse terrible qu'elle avait eue d'aller clopin-clopant jusqu'à la fin de ses jours, ce qui heureusement ne s'était pas produit. Elle parlait aussi des hommes qui s'étaient succédé dans la vie de sa mère, des gentils et des durs, des beaux et des moins beaux, de ceux qui jouaient au papa et l'amenaient à la foire ou à la plage manger des glaces et de ceux qui n'avaient aucun plaisir à la sentir toujours là avec ses grands yeux jamais dupes de rien. Ces hommes-là arrivaient comme un cheveu sur la soupe, ils repartaient de la même manière et sa mère finissait par se retrouver seule devant ses tableaux auxquels elle travaillait avec une ardeur nouvelle et qu'elle exposait de temps en temps dans les galeries de la ville. Mais elle continuait de rêver au Grand Amour qui n'arrivait pas et elle se désolait de sentir son corps vieillir et diminuer peu à peu ses chances de le trouver.

Léa disait que dans son récit elle avait appelé sa mère la Grande Aveugle à cause d'une habitude qu'avait celle-ci, une sorte d'exercice de réchauffement qu'elle faisait avant de peindre et qui était pour elle une technique de libération. Dans la pièce de l'appartement qui lui servait d'atelier, il y avait une table avec des pots, des bols d'eau, des linges dont petite fille elle s'emparait parfois pour couvrir ou panser ses poupées. Arlette installait un bloc d'argile devant elle puis elle se mettait un bandeau sur les yeux qu'elle nouait derrière sa tête. Elle disait à Léa : « Allez ! on va chanter ensemble les chansons que tu sais .» De cette manière, sa mère pouvait savoir où elle était et elle se mettait alors, tout en chantant, à pétrir le bloc gris, du bout des doigts d'abord, puis de plus en plus profondément. Ce qu'elle imaginait, ce qu'elle croyait voir dans le noir où elle se trouvait, Léa aurait aimé qu'elle en parle mais cela demeurait un secret, qu'elle couvrait sous les airs des comptines, « Allons Léa ! tu la connais celle-là, continue toute seule ! », et Léa se souvenait qu'elle avait beaucoup de plaisir à chanter ainsi, tandis que des formes bizarres apparaissaient sous les doigts de sa mère, des espèces de montagnes très pointues, des oiseaux difformes, des animaux préhistoriques, des choses qui n'avaient pas de nom. Arlette disait que ce travail à l'aveuglette déliait son imagination, elle s'arrêtait au bout d'un certain temps, regardait souvent en riant ce qui était né sans qu'elle le sache, puis elle se mettait à peindre en disant : « C'est beau, hein, ce que nous avons chanté, tu as une très belle voix, Léa .» Le plus souvent, c'était elle qui grimpait sur la chaise une fois sa mère installée devant son chevalet, et elle s'amusait à écraser les drôles d'animaux ou tentait d'en refaire d'autres qui étaient ceux qu'elle connaissait.

Léa n'avait pas su tout de suite qu'elle avait un père au delà de l'océan. C'était vers quatre ou cinq ans qu'il lui semblait l'avoir découvert, par une indiscrétion de sa grand-mère. Alors sa mère lui avait dit que, de toute façon, elle comptait le lui apprendre, elle lui avait parlé de l'autre continent, de ce pays froid où s'était tenue l'Exposition (elle lui avait même montré des photos et son uniforme d'hôtesse, plié au fond d'un coffre qui sentait le camphre, avec son écusson stylisé où des couples de petits humains aux bras levés faisaient une ronde). Sa mère avait rencontré un homme qui était photographe, ils avaient cru s'aimer sans se rendre compte qu'ils avaient peu en commun, puis il y avait eu la naissance de Léa et un jour cet homme qui était son père s'était éclipsé, pour une raison qui demeurait obscure, mais les pères n'avaient-ils pas après tout ce don suprême de pouvoir s'éclipser, jamais vu ni connu, comme si le fait d'engendrer la vie en différé devenait chez la plupart une manière d'être, ou plutôt (lui expliquait sa mère) une manière de ne pas être là où les choses arrivaient, de se trouver perpétuellement en avance ou en retard sur la réalité qui les entourait. C'était là un des points sur lesquels Léa aurait voulu avoir le cœur net, apprendre ce qu'il en était au juste de cette éclipse, s'il était parti avec une autre femme ou pour se perdre quelque part au nord de son pays qui se transformait paraît-il en désert blanc la moitié de l'année et où il devait être si facile de s'égarer, par désir ou par accident. Jérôme avait souri amèrement en lisant cette curieuse version de sa séparation d'avec Arlette, il avait bien fallu faire les corrections qui s'imposaient, sans dire crûment à Léa que sa mère lui avait menti, mais voilà, tout dépendait du point de vue, du sens qu'on donnait au mot *s'éclipser*, et, chose certaine, il n'avait pas la moindre connaissance de la toundra ni même de la forêt légendaire qui s'étendait au delà des régions habitées, il était toujours resté en ville, il était même parfaitement sédentaire au point où un simple orignal demeurait pour lui à peine moins exotique qu'un chameau dans le désert.

Il lui arrivait de relire le récit de Léa, il y cherchait des symboles et des allusions partout mais la grande énigme qui le déroutait et le vexait à la fois, c'était ce rire sorti d'on ne savait où et qui l'accompagnait à présent, au point où il se questionnait sérieusement sur son origine sans oser interroger Léa à ce sujet. Est-ce que cela, à nouveau, lui venait d'Arlette qui avait fait de lui le portrait le moins flatteur possible ? « Méfie-toi des hommes qui rient ! » : des mises en garde comme celle-là ne s'inventaient pas, pas plus que la mère dont il était question dans ce conte, on voyait bien qu'il s'agissait d'une version à peine transposée d'Arlette, juste un peu exagérée, comme le confirmaient d'ailleurs les lettres qui avaient suivi. Mais au fait, avait-il jamais eu l'air, lui Jérôme, d'un homme qui riait et qui se moquait des gens ? Ou était-ce une simple projection qui faisait partie de la psychologie des jeunes filles : la crainte que leur père ne les prenne pas au sérieux ? une manière de conjurer le pire, au cas où il n'aurait rien à leur dire ni à leur transmettre ?

Parfois, allongé sur son lit les soirs où Marc Melville et compagnie n'avaient pas encore commencé à faire trembler le monde, ou ici même, sur son banc de parc, quand survenait une accalmie dans la circulation, il se surprenait à s'écouter en dedans, sans jamais rien entendre bien sûr, mais cela devenait une sorte de jeu, il se mettait à sentir sa gorge se contracter, des saccades d'air lui montaient jusqu'au nez, il le faisait exprès comme à l'époque où encore enfant il déclenchait des crises de rire chez ses camarades à l'église, par un simple changement dans le rythme de sa respiration, sauf qu'à présent il était seul, dans son lit ou sur un banc de parc, et que ces exercices se terminaient en général par des toussotements nerveux.

* * *

La photo du 18 juin montrait Marc Melville de dos, en tenue de jogging, s'éloignant au petit trot vers la piste d'entraînement. Il venait de passer devant le banc où Jérôme était assis, mais pourquoi ne pas l'avoir photographié de face, au moment où il s'approchait et saluait de la main son voisin d'en bas avec un sourire inoubliable ? Jérôme avait hésité parce qu'il ne s'agissait pas d'un inconnu, par crainte du ridicule, et parce qu'il était déjà trop tard pour saisir son polaroïd et le braquer sur son sujet. Il avait attendu que l'autre eût parcouru une distance suffisante pour ne se rendre compte de rien, et cet excès de prudence aurait dû enlever beaucoup de son intérêt à la photo. Maintenant qu'elle se trouvait collée presque au bout du calendrier qui atteignait la moitié du mur, son éloignement et le flou qui en résultait prenaient un sens imprévu, comme un appel déchirant qui resterait à jamais sans réponse.

On aurait dit que Marie-Lourdes avait gardé un registre des allées et venues récentes de Marc Melville, elle assurait qu'elle l'avait vu fréquemment, ces derniers temps, partir comme d'habitude avec son cahier sous le bras pour la Bibliothèque. Il avait créé un attroupement d'enfants, une semaine plus tôt, en sortant avec sa cage d'oiseau recouverte d'un voile, en route vers la clinique du vétérinaire (les enfants se bousculaient, voulaient toucher la cage et caresser Jérémie, et il avait dû les avertir que des oiseaux comme celui-là, surtout quand ils étaient malades, pouvaient vous trancher un doigt d'un seul coup de bec — net, fret, sec, avait lancé en écho une petite fille, et Marc Melville avait ri). Le surlendemain, en rentrant avec son drôle d'oiseau apparemment guéri, il avait salué la concierge et lui avait annoncé son départ pour la fin de semaine (aucune idée de sa destination, mais il avait dû rentrer Dieu sait pourquoi dès le samedi soir, assez tard). Pour le reste, Marie-Lourdes se contredisait, tantôt elle prétendait avoir eu un pressentiment, avoir perçu quelque chose de sombre dans les yeux de l'étudiant, tantôt elle racontait qu'il lui avait paru d'assez bonne humeur et lui avait même annoncé son projet d'aller passer deux ou trois semaines à la campagne, dans sa famille, une fois son travail terminé. Elle avait d'ailleurs appris du même coup que ses parents vivaient non pas dans une ferme, comme elle l'avait cru, mais dans un village enchanteur, oui, il avait bien dit « enchanteur » comme pour se moquer, un village riche et bilingue dans les montagnes près de la frontière américaine.

À présent, Marie-Lourdes demeurait terriblement ébranlée, son mari avait dû aller lui acheter des calmants pour qu'elle parvienne à fermer l'œil la nuit et Jérôme non plus ne dormait pas, Marc Melville passait et repassait inlassablement devant lui, le pied léger, le souffle bien posé du coureur qui ménage son oxygène et sait qu'il va tenir longtemps, puis Jérôme le revoyait traversant son appartement, le soir où il avait perdu ses clés et joué à l'acrobate. Jérôme tendait l'oreille, l'étudiant n'était plus en haut mais ici, tout près, ses pas faisaient craquer le plancher du corridor, il avait forcé l'entrée pour se mettre à l'abri d'un danger et maintenant il chuchotait qu'il ne voulait plus sortir, à l'aide, à l'aide, répétait-il tout essoufflé, mais seul un silence inhumain lui répondait, silence partout, en bas et en haut, et cette ombre parmi les ombres s'éloignait bientôt avec un bruit caoutchouté de chaussures de tennis qui cherchaient à ne réveiller personne, mais trop tard, Jérôme ne dormait pas, ne riait pas, et sa pensée elle-même tournait à l'idée fixe.

Si quelqu'un avait pu avoir un pressentiment, c'était aussi bien lui, Jérôme, que la concierge, mais sans doute trop tard, seulement lorsque la troisième nuit consécutive sans le moindre bruit à l'étage supérieur lui avait paru carrément suspecte : deux de suite, c'était déjà presque un miracle mais enfin l'été arrivait, Marc Melville pouvait fort bien avoir mis le point final à ses travaux, rangé ses livres et son cahier pour aller faire un tour et s'aérer dans la grande nature. Et puis, Jérôme était surtout préoccupé par la venue de Léa, finalement décidée d'un commun accord. Ils s'étaient entendus au téléphone pour le début du mois suivant et il lui paierait naturellement son billet, mais comme ils s'y étaient pris un peu tard, elle avait du mal à obtenir une place. C'était la journée la plus longue de l'année et, ce soir-là, Jérôme était resté longtemps sur son balcon à regarder la nuit gagner le ciel, petit à petit, contre un océan de lumière qui reculait à peine et n'en finissait plus de pâlir à l'ouest. Il pensait aux régions nordiques où il n'y avait pas de nuit, aux aurores boréales qu'Arlette aurait aimé voir et que Léa verrait peut-être, avec un peu de chance, elle qui avait un penchant, disait-elle, pour les scènes théâtrales et les grands spectacles naturels. Il écoutait les voix et les musiques sortant de partout, ce devait être la kermesse du côté du parc, à mesure que le ciel s'éteignait et que la jeunesse s'attisait dans les coins sombres.

Puis la nuit, et rien du tout, ni un cri d'oiseau fou ni une chaise déplacée ni le moindre pas. On finissait par s'habituer à un tel silence, Jérôme avait dormi sans sursauts et sans rêves jusqu'au matin, et ce n'est qu'au réveil qu'un mauvais sentiment l'avait saisi, une sorte de vide angoissant laissé par le traître sommeil et qui insistait dans le jour gris. Ce malaise n'était pas entier, car un Marc Melville envolé en fumée, disparu dans le décor, même avec toute la sympathie qu'on pouvait nourrir à son égard, c'était une libération, un soulagement que Jérôme n'avait pas tout à fait cessé d'espérer. Et si c'était enfin arrivé ? Si le jeune homme s'était décidé à déménager, emportant tout, meubles, papiers et oiseau blanc, à une époque de l'année où cela faisait partie des us et coutumes ? Sauf que Jérôme ne pouvait pas croire à ce déménagement, il n'en avait perçu aucun signe annonciateur et Marie-Lourdes n'en avait pas soufflé mot.

Dans l'escalier sombre en descendant, il croisa la concierge, justement, qui montait avec son seau d'eau et sa vadrouille, le cliquetis de son trousseau de clés à la hanche et qui lui demanda : « Vous avez entendu votre voisin d'en haut, vous, depuis trois jours ? » Son gros visage noir avait un contour mal défini à cause de la pénombre mais Jérôme voyait bien qu'il y avait de l'inquiétude dans son regard. Marc Melville n'aurait jamais laissé son cacatoès tout seul aussi longtemps, or personne ne l'avait vu sortir avec sa cage, et voilà qu'à présent Jérôme confirmait qu'il n'entandait plus rien au-dessus de chez lui. Marie-Lourdes paraissait embarrassée, elle finit par dire en hésitant :

— Qu'est-ce que vous feriez à ma place ?

En fait elle avait déjà pris sa décision et lui-même pensa qu'il fallait l'encourager en ce sens, même si ce qu'elle s'apprêtait à faire n'était ni dans les règles ni dans ses habitudes.

— Mais pas question que j'y aille toute seule, avait dit Marie-Lourdes.

— Je vais vous accompagner.

La concierge le précéda, elle portait un jean assez moulant dont elle avait roulé les jambes au bas des jarrets de sorte qu'un intervalle restait à découvert entre le jean et les souliers en toile bleue, très usés avec un peu de boue séchée autour des semelles. Il la suivait avec une sorte de fascination légèrement érotique, une complicité un peu trouble, sans l'ombre d'un revenez-y possible. Ils passèrent au deuxième près de sa porte à lui, puis ce furent les deux volées d'escalier vers le troisième où jamais, pas une seule fois, il n'était monté (après tant d'années dans cet immeuble !), puis la porte de l'appartement, la porte de Marc Melville, comme toutes les autres, avec son œil grossissant et son numéro en chiffres métalliques (le zéro du milieu pendait parce que la vis supérieure était tombée). Seule la petite musique du trousseau de clés tintait maintenant entre les doigts nerveux de la concierge, mais peut-être Jérôme avait-il cessé à cet instant d'entendre quoi que ce soit d'autre, car il était impensable qu'il n'y eût personne dans l'immeuble, pas le moindre petit bruit domestique filtrant d'un appartement, à neuf heures du matin. Marie-Lourdes avait dégagé la serrure d'un seul tour rapide, dans un claquement aussi dur et métallique que celui d'une cellule de prison, et elle poussa lentement la porte, du bout des doigts, sans pénétrer tout de suite à l'intérieur, restant là sans doute moins par cette sorte de respect que l'on peut ressentir devant l'intimité des autres, que surprise d'apercevoir tous ces papiers qui jonchaient le plancher, des feuilles manuscrites ou imprimées éparpillées comme par une tornade. Le sol en était couvert et, lorsqu'ils s'avancèrent un peu plus, ils virent qu'il y en avait aussi, quoique moins nombreuses, sur le tapis et sur les meubles du salon. Un casque d'écoute reposait sur le bras d'un fauteuil, le fil descendait en faisant des boucles vers le tapis, se perdait parmi les feuilles en désordre et remontait vers le côté droit du téléviseur.

— Il a dû y avoir des voleurs, laissa tomber Marie-Lourdes, sur un ton mal assuré, hypothèse lancée pour la forme et qui n'expliquait en rien la disparition du locataire.

Ils se tournèrent simultanément vers le corridor, Jérôme vit la plume blanche d'un oiseau sur le plancher, fine et légère entre deux bouts de papier, il vit le pied de Marie-Lourdes en écraser le bout sans qu'elle l'eût remarquée, et maintenant que la surprise d'apercevoir tous ces papiers répandus était devenue un pur mystère à éclaircir, il se prit à constater cette chose toute simple qu'il aurait dû observer dès son entrée : l'appartement de Marc Melville, comme on pouvait s'y attendre dans ce genre d'immeuble, était divisé exactement comme le sien, avec le même salon, les deux pièces à droite dans le corridor, une porte à gauche pour la salle de bain, et tout au bout la vue sur la cuisine et la porte donnant sur le balcon arrière. Marie-Lourdes avait fait deux ou trois pas vers la première porte à droite, et lorsque Jérôme s'avança à son tour, il vit la chambre vide, le lit défait plein de livres en désordre, plusieurs encore ouverts comme s'ils avaient été abandonnés en vitesse, au beau milieu d'une lecture frénétique interrompue par un événement qui ne souffrait pas d'attendre. Ils continuèrent jusqu'en face de l'autre pièce : un ordinateur y dormait sous sa housse noire, parmi toute une provision de stylos, un carnet vert et d'autres livres empilés. Une bicyclette d'exercice dont le siège paraissait réglé à une hauteur excessive stationnait dans un coin, un extenseur pendu, avec ses quatre gros ressorts brillants, à l'une des poignées rouge vif du guidon.

La porte de la salle de bain, en face, était restée entrouverte. Marie-Lourdes la poussa très doucement, plus doucement encore qu'elle n'avait appuyé sur la porte d'entrée et elle ne cria pas, ce fut plutôt comme une plainte animale, une sorte de miaulement qu'elle ne pouvait plus contenir et qu'elle enfouit presque aussitôt contre l'épaule de Jérôme en se retournant pour ne pas voir, et lui-même restait là, ne pouvant plus bouger à cause de cette femme qui s'appuyait contre lui, désirant tout juste fermer les yeux mais n'y parvenant pas, pris dans l'obligation terrible de voir ce sommeil qui n'en était pas un et d'entendre cette lamentation de Marie-Lourdes qui pesait de tout son poids contre lui. La bouche de Marc Melville était un peu ouverte comme s'il avait voulu parler avant qu'il ne soit trop tard, mais ce désir s'était changé en grimace, conforme à la mauvaise idée qu'il avait eue, et cette grimace restait collée à ses lèvres déjà bleues. Un de ses bras pendait à l'extérieur de la baignoire et il avait appuyé sa tête contre le carrelage en attendant qu'elle se vide de tout, mais ce n'était pas une tête qui donnait l'impression de se reposer, elle était soucieuse et lourde de pensées qu'elle n'avait pas pu chasser même dans la mort.

Il avait dû hésiter entre deux méthodes, mais il n'avait pas même déchiré le cellophane du paquet de lames déposé sur le rebord du lavabo. S'était-il fait couler un bain ? Restait-il de l'eau au fond de la baignoire ? S'il en restait, elle était froide, aussi froide que Marc Melville, mais d'où il était Jérôme ne pouvait pas voir et il se rappela tout à coup avec une sorte d'hébétude que sa mère quand il était jeune appelait bain-tombeau ces baignoires modernes qui n'avaient pas de pattes. Peut-être Marc Melville, à la dernière minute, n'avait-il pas voulu s'endormir pour toujours dans un lac de sang, avec tout ce rouge dégoûtant autour de lui, ou n'avait-il pas aimé tout à coup l'idée des lames dans la chair de ses poignets. Alors il s'en était remis à la manière douce, propre et peu fiable, dont la seule trace visible mais irréfutable était la bouteille de comprimés qui avait roulé sur la descente de bain. Ensuite, il n'avait pas eu la force ni le goût de retourner là-bas sur son lit encombré de livres et de feuilles volantes.

Plus tard, Jérémie fut retrouvé dans le garde-manger, il avait tout éventré sauf les boîtes de conserve et il avait fracassé les pots en les faisant tomber de leurs tablettes pour se nourrir : gruau, riz, sucre, miel et confitures, il en restait tout un dégât sur le plancher parmi les éclats de verre, mais la moustiquaire de la petite fenêtre donnant sur la balcon avait résisté à ses coups de bec. Perché très haut, il semblait prêt à livrer la bataille de sa vie pour défendre son dernier domaine, mais comprenant qu'on cherchait à l'attraper il s'était montré au contraire étonnamment soumis, comme ces traumatisés qui ne savent plus comment ni pourquoi réagir. On l'avait remis dans sa cage voilée sans trop de difficulté avant de l'emmener à travers l'attroupement des curieux, massés au pied de l'escalier, déçus de ne pas même entrevoir le bout d'une aile de ce drôle de témoin.

* * *

Durant les jours qui suivirent, Jérôme ne cessa de relire le récit et les lettres de Léa, il s'y plongeait pour y trouver refuge mais n'y rencontrait jamais que la même frayeur, comme si les mots mêmes de Léa étaient changés par le drame qui venait d'arriver. Elle parlait et reparlait de ses pères d'emprunt, de ces hommes qui allaient et venaient dans leur vie, à elle et à sa mère, depuis son enfance. Elle avait cherché de tout temps un point fixe dans sa vie, mais tout s'en allait, tout dérivait, la Grande Aveugle était assise à sa table avec son bandeau sur les yeux puis elle se levait et se mettait à peindre avec de grands gestes qui avaient quelque chose d'inquiétant, elle disait : Il faut briser les moules, défaire les habitudes, aller au fond de soi-même, tandis que Léa s'amusait à pétrir un morceau de glaise en forme d'oiseau et qu'elle disait : parle-moi, maman, raconte-moi des histoires, redis-moi encore celle du grand cierge qu'on a fait brûler pendant des mois pour guérir la ville qui était malade de la peste. Même les animaux, n'est-ce pas ? Et les oiseaux, eux, est-ce qu'ils étaient frappés ? les rossignols, est-ce que ça meurt de la peste ? Léa disait que sa mère connaissait une belle chanson sur les rossignols, dans la vieille langue du pays que parlait encore parfois sa grand-mère, une chanson qui disait : *au fond de l'herbage je sais un peuplier, je sais la montagne je marcherai seule, la fortune tourne qui m'a prise au cou, pour appeler l'aube faut un rossignol,* et ce nom résonnait en écho, *rossignôl,* dans la vieille langue du pays qui semblait faire de cet oiseau une sorte de clé, le secret d'une merveilleuse découverte.

Puis, les hommes de sa mère arrivaient (ah ! même les hommes d'Arlette, à présent, sur le coup du drame innommable qui avait frappé l'immeuble, Jérôme s'en gavait, il goûtait leur évocation même vague avec une sorte de plaisir louche mêlé de haine, eux qui avaient joué à sa place le grand jeu paternel), ils arrivaient à tour de rôle, apportant chacun son petit morceau du monde puis le retirant, du jour au lendemain, chacun faisant son numéro de faux-père puis rideau, terminé, pas de rappel. Il y avait eu l'homme qui avait travaillé dans les salins, l'homme qui savait faire de la poterie et qui l'avait laissée actionner le tour dans son atelier, il y avait eu celui qui chantait toujours *La Donna è mobile* et qui travaillait pour un parti politique, puis celui qui se rasait mal et mangeait d'une manière malpropre, puis un autre qui savait tout sur l'histoire des étoiles, et un autre encore qui la prenait dans ses bras en la serrant trop fort sans se rendre compte qu'il lui faisait mal, elle avait appris beaucoup de choses avec ces faux-pères remplis de promesses non tenues, elle avait connu de grandes joies mais aussi d'amères déceptions et au bout du compte elle en éprouvait un sentiment d'effritement et de confusion.

Les meilleurs moments dont elle se souvenait (donne, donne-moi, Léa, de ces moments de calme et de douceur), c'était ceux où elle chantait avec sa mère et où il n'y avait plus d'homme dans la maison, quand les faux-pères remplis de promesses non tenues étaient partis, et les perles rares aux accents charmeurs, et les gentils qui avaient tout juste dit adieu. Parfois elle se disait que sa mère avait dû sans le savoir transposer dans sa vie sa drôle de méthode à l'aveuglette, elle ne savait pas ce qu'elle avait sous les doigts lorsqu'elle les prenait, ces hommes-là, et quand elle ouvrait les yeux c'était un pic affreux qui apparaissait, une forme pas très belle, ou le plus souvent ce n'était pas intéressant (j'ai été mal inspirée, disait sa mère, il n'est pas toujours facile de savoir ce qu'ils ont au fond du cœur), mais à bien y penser, tant mieux puisqu'ils s'étaient éclipsés et qu'on était seules un petit moment à rendre ensemble la vie meilleure et plus simple, car un homme dans la maison compliquait toujours bien des choses.

Durant ces journées-là, Jérôme dut bien relire dix fois le passage sur la grand-mère, trouble et un peu morbide, où il finissait par apparaître, lui, l'homme effacé de la carte, relégué aux oubliettes. Dans ce passage, Léa racontait qu'elle devait avoir quatre ou cinq ans lorsque sa grand-mère avait été indiscrète et qu'un homme nouveau s'était dessiné à l'horizon, il y avait une pluie d'Afrique ce jour-là, Arlette disait que la pluie avait un goût salé parce que les nuages étaient pleins d'eau de mer, on pouvait se lécher le dessus de la main et le goûter, et peut-être y avait-il aussi un peu de sable, quelques grains perdus qui s'étaient échappés du désert et que le vent avait transportés. Léa disait qu'elle se souvenait que ses petits souliers clapotaient dans les flaques et s'étaient trouvés détrempés avant même qu'elles arrivent à la maison remplie de femmes où habitait maintenant sa grand-mère, depuis que le cœur de grand-papa s'était brisé au beau milieu d'une grille de mots croisés qu'il cherchait comme chaque jour à remplir (il avait dit ah ! et sa tête était tombée en avant sur la page du journal). La grande maison des femmes sentait le vieux pot-au-feu, une odeur de choux ou de navets trop bouillis, et sa grand-mère n'était pas très bien ce jour-là, elle se trouvait très en colère et elle s'indignait contre ses voisines en leur criant : « Elles sont à moi, vous n'avez pas le droit de leur parler », elle voulait sa fille et sa petite-fille pour elle seule, puis elle s'était mise à parler comme si elles n'étaient pas là, à raconter n'importe quoi et, parmi ses propos qui mêlaient tout, il y avait ces mots : « papa du Canada », qui étaient presque comiques dans sa bouche de vieille femme qui ne savait plus ce qu'elle disait, on voyait bien qu'elle ne le savait pas puisqu'elle prétendait le voir devant sa porte, caché derrière une voiture, comme un voleur ou un malfaiteur, « prends garde, disait-elle, le papa du Canada veille dans la rue, dis-lui de s'en aller, mais pourquoi, pourquoi vient-il nous persécuter jusqu'ici, qu'est-ce qu'on lui a fait pour mériter ça ? », puis elle s'était fâchée à nouveau contre une des autres femmes qui cherchait en catimini à leur refiler des bonbons et à gagner ainsi leurs faveurs : « On ne t'a rien demandé, à toi, criait-elle, et toi Léa ne la regarde pas cette voleuse, elle est jalouse parce que jamais personne ne lui rend visite », et elle s'était remise à divaguer sur ce papa lointain et mystérieux et sur un tas d'autres sujets décousus, elles avaient fini par en avoir assez, « allons-nous-en », avait dit Arlette de mauvaise humeur, elles avaient fui la femme aux bonbons et la voix criarde de grand-mère qui les rappelait, et « cette odeur de vieux pot-au-feu qui sentait la mort, disait Arlette, et qui finissait par tomber sur le cœur ». Ta grand-mère ne va pas bien du tout », avait-elle dit encore en sortant sous la pluie d'Afrique et c'était ce soir-là qu'elle lui avait révélé bien des choses sur son passé et sur cet homme de là-bas qui faisait délirer grand-mère.

Ce devait être un aventurier, c'était l'image qu'elle s'en faisait depuis, il s'en allait les yeux grands ouverts et le visage glacé vers quelque impossible destination, il avait quitté le monde des hommes et le monde ne se souvenait plus de lui, il n'était qu'un accident passager dans le délire de grand-mère ou une ombre invisible sous le bandeau que sa mère avait sur les yeux (car au-dedans, c'était certain, sa mère pouvait le voir, elle le conservait là comme un vieux cauchemar ou peut-être comme un regret, même si elle ne l'avouait pas, et il était agaçant de savoir qu'elle seule conservait cette image qu'on aurait voulu lui arracher). Alors, avec les années, Léa aussi avait cultivé son image de lui, pour faire pendant à celle que possédait sa mère : ce n'était pas un aventurier banal, il était allé au bout de lui-même, et à cause de cela, il voyait clair sur la réalité, il était revenu de tous les mirages, il connaissait les règles du bien et du mal et les meilleurs chemins vers le bonheur. Il avait échappé au temps, il était pur de toutes les fautes que l'on commet dans les recoins de l'existence et elle ne disait pas qu'elle avait peur, elle n'était pas dupe de cette représentation incroyable qu'elle se faisait de lui, non, mais Jérôme sentait qu'elle devait craindre de ne pas trouver devant elle un homme à la hauteur de ce qu'elle avait imaginé.

* * *

Il aurait voulu l'entendre chanter dans la nuit, n'importe quoi, même de vieilles chansons démodées sur les rossignols, dans le silence à serrer le cœur qui pesait sur lui, un silence de monde abandonné, de pièces vides où plus personne ne marche, de travaux arrêtés pour de bon. Il la connaissait surtout par sa voix, et à ce moment-là, même dans ce qu'elle lui écrivait, c'était encore cette intonation particulière qu'il croyait écouter. Dans une lettre, elle disait qu'elle suivait des cours de théâtre et que cela l'aidait, à écrire, à trouver le ton juste, sa voix propre. Il aurait tellement eu besoin de sa présence, tout de suite et pas le mois suivant, pas trois jours plus tard, pas le lendemain, et elle aurait chanté pour lui seul, dans la vieille langue perdue de son pays, des mélodies qui parlaient de peupliers et de fortune nous prenant au cou, et qui disaient que même la tristesse vaut la peine d'être vécue. Lui, un aventurier ! Chante, chante, chère Léa, pour l'aventurier qui n'a pas bougé d'un pouce, le pur, le simple d'esprit qui s'est appliqué à mettre toute sa vie dans un dé à coudre. Il y avait peut-être des chansons tristes pour des hommes comme lui, peut-être que Léa les connaissait.

Elle ignorait tout, par contre, de Marc Melville et de ce qui lui était arrivé, et de sa présence sournoise qui persistait. Cela se sentait, la vie de l'immeuble ne serait plus jamais la même et la concierge était au désespoir, l'escalier vers le troisième lui semblait trop macabre à présent, les locataires étaient devenus nerveux, sa fille de neuf ans faisait des cauchemars la nuit et quant à l'appartement vidé de ses meubles, il était à louer mais elle ne parvenait pas à le faire visiter, l'idée de devoir rouvrir la porte fatidique et de présenter les pièces comme si rien ne s'était passé, avec des remarques anodines du genre : C'est l'avantage d'un troisième étage, il y a beaucoup de lumière, ou bien : Voici la cuisine, très pratique, avec un grand garde-manger dans le coin, et là-bas, oui, cette porte-là, c'est la salle de bain avec douche, pharmacie, carreaux de céramique en bon état, tout est très propre, mais si voulez refaire la peinture, elle est fournie — cette idée-là lui paraissait insupportable, elle trouvait toutes sortes d'excuses quand quelqu'un appelait ou se présentait, et c'est le propriétaire qui serait content s'il l'apprenait !

Jérôme ne l'avait pas vue pendant plusieurs jours, elle devait être carrément malade, puis elle était réapparue, plus volubile que jamais, elle venait de faire une autre découverte :

— Vous savez, tous ces papiers dans l'appartement, eh bien ce n'était pas tout, il devait en avoir jeté par la fenêtre, des petits garçons jouaient à la guerre hier matin, ils se cachaient dans les arbustes et l'un d'eux est sorti avec quatre ou cinq feuilles toutes sales et froissées en criant : Messages secrets volés à l'ennemi !, ils ont voulu faire mine de les déchiffrer mais je les ai tout de suite arrêtés, montrez-moi ces papiers-là, attention ne les déchirez pas, et bien sûr c'était l'écriture de Marc Melville, qui sait si on ne va pas en retrouver partout, jusqu'au parc et dans les autres rues, qu'est-ce que vous voulez que je fasse avec ça, je suppose que je devrais appeler les parents pour leur demander s'ils veulent que je les conserve mais vous comprenez, je vais avoir l'air de retourner le fer dans la plaie. Vous ne les avez pas vus, les parents ? Ils sont venus trois fois, la dernière c'était pour les meubles et les objets personnels, vous étiez au travail je pense, j'ai beaucoup de sympathie pour eux, des gens polis, tous deux sont des professionnels je crois, mais le père a un drôle de genre, peut-être à cause de ses bottes et de sa façon de marcher, vous savez, dans les westerns, comme s'il passait une bonne partie de sa vie à cheval, ou c'est son léger accent anglais, il fait vraiment très original, et quant à la mère, elle me posait sans arrêt des questions, comme si j'étais la gardienne de son fils, mais je pense que c'était la nervosité, il y a des gens qui deviennent muets quand ils souffrent, d'autres parlent tout le temps et disent n'importe quoi, en tout cas elle a pleuré devant moi, vous y comprenez quelque chose, vous ?, elle aussi semblait complètement déroutée, d'autant plus qu'il n'a laissé aucune explication, il venait de terminer sa thèse (d'après ce qu'a dit son père), il paraît qu'il l'avait même déposée chez son professeur, mon mari pense que c'est comme les gens qui meurent d'une crise cardiaque au moment où ils prennent des vacances, le système se relâche et puis clac, peut-être que Marc s'était épuisé au travail, mais croyez-vous qu'on met fin à ses jours parce qu'on est trop fatigué, même dans la tête ? Ou alors il avait eu une peine d'amour, sa mère m'a dit qu'il en avait eu une il y a trois ou quatre ans, mais rien depuis à sa connaissance, d'ailleurs l'avez-vous jamais vu en compagnie d'une jeune fille ? Enfin moi ça me dépasse, d'autant plus qu'il avait de l'énergie à revendre, qu'est-ce qu'ils ont donc dans un pays comme ça à vouloir en finir avec la vie (quand ils ne se fracassent pas le crâne avec leurs motos ou leurs autos sport), c'est une vraie calamité mais enfin, moi, j'ai besoin de gagner ma vie et celle de ma famille, le taxi de Carl, ça ne suffit pas, il va bien falloir que je le fasse visiter, ce logement, je suppose que le temps va arranger les choses, mais ça presse, on va être bientôt le premier juillet, quoique beaucoup d'étudiants arrivent pour le début de septembre, mais ce serait quand même une perte pour le propriétaire, je le connais, il n'est pas du genre à sacrifier comme ça deux mois de loyer...

Jérôme avait dû l'interrompre, il était sur le point, pour parler d'autre chose, de lui annoncer la visite de sa fille mais il n'osait pas imaginer quel déluge de paroles et de questions cela aurait encore entraîné, d'autant plus qu'elle ne soupçonnait pas le moins du monde, elle qui était arrivée bien après le départ d'Arlette, qu'il pût avoir une fille, et française par-dessus le marché ! Mais elle n'avait pas à être au courant de sa vie personnelle et, de toute façon, elle verrait forcément Léa une fois celle-ci arrivée, il la lui présenterait. Alors, pensait-il, commencerait un autre temps où plus rien ne serait comme avant et il lui semblait parfois que la mort de Marc Melville avait justement été l'un des ces coups du destin qui tombent à leur place, au jour prévu de tout temps : un signe désespéré qui disait que la mort avait fait son œuvre, qu'elle cesserait bientôt de travailler et de trouver des hôtes, ici même, tout près, dans le voisinage de sa propre vie d'homme effacé et sans projet. Cette présence fantômatique devenait salutaire, elle disait que Léa apporterait la vie, car il ne se pouvait pas que la mort triomphe ainsi, qu'elle soit à jamais notre voisine et que rien ne puisse la forcer à ficher le camp, on ne pouvait pas rester là hypnotisé par elle, à attendre qu'elle fasse quelque chose ou qu'elle cesse enfin de se moquer de nous, à la respirer sans savoir où elle était, partout et nulle part, incrustée dans les poils du tapis, se coulant dans les courants d'air et, pire encore, lâchée à tous vents avec ces feuilles traîtresses qu'on pouvait (Marie-Lourdes avait bien raison) retrouver n'importe où, sur lesquelles on allait peut-être poser le pied par hasard au coin d'une rue ou qu'on risquerait d'apercevoir, de loin, au pied d'une haie ou d'une clôture, parmi tous ces déchets que laissent le manque de civisme et les soirées de fête.

Tout ce que Léa lui avait écrit, même les choses légères et anodines, lui paraissait maintenant du plus grand prix mais il ne pouvait s'empêcher, en même temps, d'y pressentir une sourde menace, un danger que lui seul, lui le faux aventurier qui croyait aux fantômes, pouvait conjurer. Oh ! viens, viens, pensait-il, avant qu'il ne soit trop tard, avant que ce monde ne soit tout à fait empoisonné ou ne devienne insignifiant. Elle lui téléphona, ce jour-là, pour lui confirmer son arrivée, à la mi-juillet.

FEUILLES VOLANTES RÉPANDUES
SUR LE QUARTIER CÔTE-DES-NEIGES
PAR MARC MELVILLE

Sous un lilas, à l'arrière de l'immeuble (feuille jugée illisible par Marie-Lourdes):

Je suis au bout du voyage, encore un petit effort et j'en aurai fini avec ces fous de Dieu qui cultivent le sens de l'épreuve, ces hommes à soutane dans leur désert de neige, je devrais me sentir au septième ciel et c'est tout le contraire, un grand vide devant moi, le sentiment d'avoir fait tout cela à mon corps défendant. Je ne peux pas avoir choisi ce sujet tout à fait au hasard, même si c'est parfois mon impression. Pourquoi pas un thème, un auteur contemporains ? Pourquoi ce goût pour une histoire si éloignée de la réalité d'aujourd'hui ?

Grande fatigue. Je cours à perdre haleine, pour m'oxygéner l'esprit, comme si mon esprit avait besoin d'air !

« Oh ! que c'est un grand mal de ne pouvoir produire ses raisons ! de ne parler qu'en bégayant, et par signes ! » (Référence à retrouver, 1634 ?)

133

Se décomposant dans une flaque d'eau, au milieu du terrain de stationnement de la Plaza :

Dans la bibliothèque, il m'arrive parfois de me lever et de vagabonder entre les rayons, en quête d'Amour. Je longe des falaises abruptes, je pénètre dans des canyons vertigineux que survolent très haut les oiseaux de proie, les perroquets de l'âme, les Jérémie souffrants, les ombres néfastes de l'intellect, ils veulent tout boire et tout manger, neurones, synapses, grandes eaux céphalo-rachidiennes, méninges gélatineux, jello des croyances et des phrases toutes faites. Je ne cherche pas un Homme avec ma lanterne, je cherche l'amour, l'Amour, l'AAAAmour. Dans des tunnels reculés et tranquilles où les livres sont cotés X, Y ou Z, je frôle une jeune fille plongée dans un ouvrage poussiéreux, un professeur à lunettes en demi-lunes qui picore et butine sa pitance, une employée juchée dans les hauteurs pour remettre un peu d'ordre. L'homme-qui-gargouille apparaît au tournant d'une étagère, poussant son éternel chariot de livres, il est le plus vivant ici, ses spasmes et ses gesticulations sont un feu d'artifice, un déchaînement débridé de vie, mais sa souffrance, nous n'en savons rien, et l'amour qu'il a ou qu'il n'a pas, rien non plus. Au septième étage, je m'arrête parfois devant la grande fenêtre décorée de palmiers et de rhododendrons qui donne sur la cité des morts, tout près, à flanc de colline. Pris d'angoisse je me cherche une table, je cherche à me noyer dans la *Relation* de 1636, mais comme c'est difficile, si vous saviez comme c'est difficile.

Voie lactée, chemin des âmes, village des morts.
Maman-daddy, priez pour moi.

*Sur une pelouse du parc, puis disparue dans le sac à ordures
d'un employé d'entretien :*

Maîtrise, maître. De « magister », « celui qui est au-
dessus ». Vas-y, cher esprit, élance-toi, domine, sur-
plombe, appelle-les pour leur annoncer la bonne nouvelle, mais ne leur dis surtout pas combien tu as peur de
tomber, combien du haut du septième étage tu te sens
déjà tomber. L'atrium au mugissement de cataracte se
remplit d'un grand cri, on se penche pour observer ta
chute, on vibre et s'attendrit pendant une seconde
merveilleuse pour le petit maître qui a tout lâché.

Devant moi, une plaquette que je viens de découvrir un peu tard, et qui ne pourra pas me servir à grand-
chose. Le ton du poème laisse croire que l'auteur, un
Torontois né à Terre-Neuve, s'est vraiment passionné
pour ces assoiffés d'épreuves : le froid, la fumée, la nourriture infecte, les moustiques, les portages épuisants, le
pénible apprentissage des langues (intéressant pour mon
sujet), et naturellement, l'apothéose finale : cœur arra-
ché, corps lacéré, feu et sang, âme sanctifiée qui monte
au ciel, tout cela entremêlé de souvenirs de la Nor-
mandie natale, champs de blé qui ondulent, cidre des
paysans, mer du Calvados qui bat ses falaises. Je suis
jaloux de cette œuvre, je voudrais avoir été un poète,
même mauvais, pour en être l'auteur, pour m'y lancer à
perdre rime et raison.
   Il faut que je demande à mon père s'il connaît ce
livre et, si oui, pourquoi il ne m'en a jamais soufflé mot.

Petit martyr qui s'invente des maux ! Ces hommes-là souffraient pour quelque chose, ils avaient l'imagination des vrais créateurs d'épreuves. Mais toi ? Il n'y a rien, absolument rien que des hypothèses et des hallucinations, quelque chose d'impalpable qui se déplace à l'intérieur et te serre parfois le cœur dans ta chambre ou dans les canyons de la bibliothèque, entre les murailles d'écriture. Seulement une douceur qui fait mal, seulement le talent plein d'épines et les automnes de pommes et de feuilles brûlées qui te donnent la fièvre. Je ne suis plus un enfant. Le corps sursaute dans ses muscles. Loin, très loin d'ici, les cris des vrais torturés. Quelques rescapés de cette tourmente habitent dans ta rue et s'acclimatent à la paix du nord. Ils ont peut-être des cicatrices sur le corps, tu n'en sais rien. Alors de quoi te plains-tu ? Ah ! comme tu te coucherais dans une montagne de feuilles pour brûler avec elles, pour être braise et cendres et pour t'envoler en fumée.

Frôlée du pied sur le trottoir par la dame errante du quartier, à deux pas d'un arrêt d'autobus :

L'Amour-passion de Jérémie :

Trouvé ce matin dans mon casier une lettre qui ne m'était pas adressée. Le facteur avait dû lire par erreur 302 au lieu de 202. J'ai ainsi appris le nom de mon voisin d'en bas, celui-là même qui m'a rendu service le soir où j'avais perdu mes clés. La lettre portait un timbre français et, à l'endos, il y avait ce nom : Léa Ségala, suivi d'une adresse à Montpellier. Je ne sais rien de plus. A-t-il trouvé l'AAAmour en France ? S'agit-il d'une simple connaissance ? J'ai tenu un instant l'enveloppe dans la lumière, en n'espérant même pas en éclairer le mystère. Un morceau de vie, peut-être, se trouvait là, dans sa coquille bien lisse et opaque. J'ai remis l'enveloppe à la concierge, pour qu'elle la remette à sa place ou en mains propres. Lui-même n'en saura jamais rien, ni de la tentation que j'ai eue, un bref instant, de faire comme si cette lettre était à moi.

Des enfants en ont fait des avions de papier :

Je n'aurais jamais dû y aller, je ne sais pas pourquoi j'ai cédé. Jérémie m'a regardé partir d'un air méchant et je l'ai quitté avec la certitude de le retrouver au plus mal, quelques plumes en moins, et l'aile encore plus basse. J'ai pris l'autobus sans même les avertir de ma venue, et descendu au terminus deux heures plus tard j'ai fait de l'auto-stop jusqu'au centre du village. Ils étaient sortis faire des courses et c'est moi qui les ai attendus, sur la véranda encerclée d'arbres centenaires, envahie par les ronces, les vignes et les arbustes, de sorte qu'on ne voit rien du paysage environnant. Je suis resté seul à écouter le vent dans les feuilles et le bourdonnement des abeilles autour des trois ruches installées il y a plusieurs années par mon père. Elles sont à présent vieilles et chambranlantes, mais il dit que cela leur donne du charme.

Ils sont apparus peu après, les bras remplis de gros sacs de provisions et j'ai compris tout de suite que j'avais fait une erreur. Leurs deux visages souriants, leur éternelle jeunesse : ils montaient les marches de pierre, ils venaient vers moi et à mesure qu'ils s'approchaient, je retrouvais tout ce qu'il y a d'insupportable dans leur santé de cinquante ans. Les cheveux teints de ma mère, la mine adolescente de mon père, leur forme physique impeccable, au moins égale à la mienne : mais, en dessous, leur générosité découvre qu'elle a les mains vides et le manque d'espoir les ronge.

La bière que nous buvons ensemble sur la véranda est glacée et le monde est parfait, avec quelques nuages occasionnels dans le ciel bleu et de grosses mouches qui viennent se cogner de temps à autre contre les moustiquaires. Je leur parle de tout et de rien, à coups de demi-vérités. La concierge qui est gentille avec moi, mon voisin d'en bas qui m'a dépanné, la bibliothèque où je travaille (sans les fantasmes et autres fantaisies), la maladie d'amour de Jérémie. Ils m'observent de leurs grands yeux : ah oui ! dit mon père, ce poème sur les Jésuites, oui, oui, *rather unhealthy*, je dirais même masochiste, non ? Consternés, au fond d'eux-mêmes. Ouvrez-moi les bras, dites-moi que vous voyez clair dans mes yeux, que vous y devinez le marasme, la désolation. Ne restez pas là assis sur vos chaises à tremper vos lèvres dans une mousse maintenant tiède, et à faire comme si j'avais l'avenir devant moi. Il n'y a pas d'avenir. Je ne sais pas ce que c'est. Mais ils ne bougent pas, ils sont simplement heureux de me voir et ce bonheur éclipse tout, même mes sinistres travaux sur les fous de Dieu perdus en Huronie.

L'après-midi s'en allait et nous sommes descendus nous baigner. « On a fait épurer les eaux du lac », ont dit maman-daddy, avec satisfaction. Au large, des garçons et des filles bronzés se cramponnaient à leur planche à voile et des yachts ronronnaient en s'éloignant dans le soleil. J'ai plongé et j'ai nagé longtemps, comme s'il n'y avait plus de rivage et plus besoin de revenir. Quand j'ai fait demi-tour, je les ai aperçus tous les deux debout sur la plage, le bras de mon père entourant l'épaule de ma mère, unis dans une commune inquiétude à mon égard et je leur ai fait un signe de la main pour qu'ils sachent que tout allait bien et que je n'allais pas couler à pic d'un instant à l'autre. Je suis revenu lentement, en frôlant des courants glacés entre deux eaux. Il s'en est fallu de très peu pour qu'à cet instant, je décide de rester pour la nuit, mais à mesure que je me rapprochais du rivage, cette impression de légèreté s'en allait, je m'éloignais d'eux en me rapprochant et je retrouvais toute mon angoisse intacte et triomphante. J'ai prétexté l'urgence de rentrer en ville pour mettre la dernière main à ma conclusion (alors qu'elle est déjà écrite), et dès le souper fini, ils m'ont reconduit à l'autobus en me souhaitant bonne chance et en s'excusant de ne pas passer plus souvent me voir.

Jérémie n'a pas semblé ému de me voir revenir. Mais quand j'ai ouvert la cage pour le rassurer, son bec tranchant a raté de très peu le bout de mes doigts.

Si l'âme existe, a-t-elle faim et soif dans l'au-delà ? Les morts ont-ils besoin qu'on les berce comme des enfants, qu'on peigne leurs cheveux, qu'on leur raconte des histoires ?

Entre les pots de confiture et le café, sur une tablette du garde-manger : un gros bocal rapporté du village, rempli peu avant mon départ d'un miel légèrement granuleux de teinte orangée. Mon père l'a puisé avec une spatule dans le grand seau en plastique où il conserve la récolte quotidienne. Dans la bouche, on dirait du sable qui se dissout très lentement, en râpant le palais, et qui laisse à la fin comme une légère brûlure sucrée au fond de la gorge. Le bocal est maintenant à moitié vide.

— Ainsi donc vous allez finalement la rencontrer, dit Jeanne Beaugrand.

Elle s'était assise dans un fauteuil chromé de la salle d'attente et sirotait selon son habitude la tasse de café qu'il lui avait offerte. L'imminence du départ lui redonnait l'air plutôt juvénile qu'elle avait sur la photo de la vitrine.

— C'est curieux, elle et moi on va pratiquement se croiser au-dessus de l'Atlantique. Mais j'imagine que je la verrai avant qu'elle reparte. Je reste là-bas trois semaines : dix jours à Rome, puis Assise et Florence. J'ai un petit cadeau pour elle, oh ! pas grand-chose, donnez-le-lui de ma part en attendant mon retour d'Italie.

Elle sortit de son sac un paquet bien enveloppé avec du papier argenté et un ruban rouge, et elle le déposa sur la table basse à côté de la pile de magazines.

Il pensa aux deux avions qui se rencontreraient dans le ciel parfaitement bleu, celui qui viendrait sur lui ressemblait à un obus ayant trouvé sa cible. Plus la rencontre se rapprochait, plus elle prenait désormais l'allure d'un combat, il avait parfois l'impression, disait-il, que Léa venait (peut-être sans le savoir) non pas pour le libérer du poids des années, non pas remplie de bonne volonté et encore moins d'amour, mais pour en finir avec lui, pour se libérer une fois pour toutes d'une image trop idéale. Inutile et encombrant, il avait fait son temps, mais le seul moyen qu'elle avait de liquider tout ça, c'était de venir constater ce qu'il était, se mesurer à sa masse réelle plutôt qu'à des chimères et à des mythes. Même la tendresse qu'il y avait dans son récit et ses lettres avait quelque chose d'inquiétant. Il ne savait pas ce que serait au juste cette bataille, comment elle se déroulerait, puis Léa s'en retournerait sur la pointe des pieds, comme l'ange qui vient de régler son compte à son démon.

— Attendez qu'elle soit là, dit Jeanne, vous verrez bien. Elle peut avoir du ressentiment contre vous, mais il ne faut quand même pas exagérer.

Elle lui dit qu'elle penserait à eux quand elle serait là-bas. Elle en était aux derniers préparatifs, avec son passeport bien en poche (et une photo qui ne faisait pas d'elle une reprise de justice à qui ne manque que le numéro matricule), et elle pouvait souffler un peu après avoir terminé la lecture de l'énorme dossier distribué à l'avance aux participants du congrès. Elle avait dû avaler, disait-elle, des articles pas très drôles sur l'histoire et la mission de SOS-J'écoute, sur les nouvelles techniques d'écoute active et d'interventions auprès des déprimés, sans compter les études statistiques sur le profil social et professionnel des appelants et des écoutants (réalisées dans cinq villes nord-américaines où on s'était permis d'interroger les gens à la fin de leurs appels — pour en arriver à la conclusion que les écoutants étaient surtout des écoutantes, plus scolarisées et ayant un revenu moyen supérieur à celui des appelants, qui étaient en majorité des appelantes), mais il y avait aussi des textes polémiques qui remettaient en cause, justement, la fameuse mission du service d'écoute et qui allaient même, dans au moins un cas, jusqu'à l'assimiler à une sorte de pornographie douce, sans frais à payer, sans responsabilité à assumer, l'auteur affirmant sur un ton jubilatoire que les télécommunications (téléphone, radio, télévision, réseaux informatiques) étaient devenues un moyen très populaire et très pervers d'échanges obscènes sous le couvert de l'anonymat, des espèces de poubelles à fantasmes et dans bien des cas (excusez-moi, dit-elle, si c'est un tantinet scabreux), de vraies machines masturbatoires !, rien de moins, qui nous obligeaient à un questionnement sérieux sur l'efficacité et le sens même d'un service par ailleurs pavé de bonnes intentions.

(Elle ne parlera pas, non, ce serait trop gênant, des vrais appels pornographiques qu'elle a reçus, grotesques et infantiles quand l'inconnu au bout du fil se permet de dire quelque chose, plus troublants quand il n'y a que le silence, et cette présence mystérieuse au bout du fil, ce souffle qui ressemble à une confidence. Chaque fois que cela s'est produit, elle a raccroché au bout de quelques secondes. Chaque fois ? Pourquoi est-ce toujours plus fort qu'elle ? Il faut qu'elle transgresse, une fois, juste pour voir. C'était tout au début, elle était encore sous le choc du départ de Georges avec sa déesse fertile, l'homme au bout du fil avait prononcé quelques mots banals d'entrée en matière, puis silence, et dans ce silence la lente montée d'un souffle trop régulier et insistant qui la rejoignait comme un chuchotement. Le sexe devait-il donc revenir la hanter sous une forme aussi sordide ? N'y avait-il pas assez de ses voisins d'à côté qui faisaient exprès, aurait-on dit, de faire l'amour la fenêtre ouverte, à gorge déployée, un vrai supplice chinois qui traînait en longueur et en gémissements exaspérés ? Ce souffle court au bout du fil, c'était moins dégoûtant que triste, comme un paysage de désolation. Il ne lui était venu à l'esprit que des phrases ridicules, je ne vous en veux pas, vous devez vous sentir très seul, et c'est seulement quand l'autre avait lancé un mot obscène qu'elle avait raccroché, le cœur battant, comme si elle sortait d'une maison louche, honteuse d'avoir dépassé la limite acceptable, regardant autour d'elle pour s'assurer qu'on ne l'avait pas vue.

Même l'autre grand interdit de SOS-J'écoute, elle l'a transgressé une fois et, à vrai dire, elle ne se l'est jamais trop reproché, même si elle a tremblé ensuite d'être découverte. Personne n'apprendra jamais qu'un jour, elle s'est rendue, contre la consigne pourtant formelle, chez une appelante qui habitait au centre-ville, une femme dont la voix l'avait émue et qui se disait paraplégique. Elle avait été naïve de la croire, et pourtant la femme, dans la quarantaine, très grosse et fumant comme une cheminée, l'avait bel et bien reçue dans sa chaise roulante et Jeanne se disait qu'elle avait eu de la chance, elle aurait pu tomber dans un guet-apens, ou sur une détraquée qui n'aurait plus voulu la laisser partir ou l'aurait menacée de tout révéler. L'autre lui avait raconté son enfance malheureuse, ses déboires de toutes sortes et puis, comme elle aimait beaucoup la musique, elle avait demandé à Jeanne de rester un peu pour en écouter avec elle, c'étaient des pièces connues de comédies musicales, mal orchestrées, le genre de sonorité que Jeanne ne pouvait pas supporter (ah ! la belle époque, c'était hier, où ils écoutaient les *Variations Goldberg*, elle et Georges, allongés main dans la main sur leur lit...), et pourtant, assise sur une chaise droite dans ce salon trop petit où la

144

fumée de cigarette se mêlait à une persistante odeur d'oignons frits, elle s'était sentie bouleversée et les larmes l'avaient gagnée dans un crescendo des *Parapluies de Cherbourg* (ou était-ce *West Side Story* ?), juste au moment où la femme énorme assise en face d'elle fermait les yeux, sans doute trop émue elle aussi, ou n'était-ce pas plutôt le sommeil ? mais oui, elle était en train de s'endormir, sa tête penchait vers l'avant, son menton s'enfonçait dans les triples plis de son cou, et comme le disque s'était arrêté et qu'elle ronflait comme une marmotte, Jeanne était finalement sortie sur la pointe des pieds, avec l'impression de commettre une trahison. Elle avait craint pendant des jours que l'autre ne cherchât à la rejoindre à nouveau ou ne parlât de sa visite à quelqu'un du service, mais rien, aucun écho, et pas question, bien sûr, de rendre une autre visite à la femme-endormie (c'était l'image qui restait) ni à qui que ce fût, et encore moins de prêter encore l'oreille, ne serait-ce qu'une seconde de trop, à une respiration le moindrement suspecte au bout du fil).

— Je suis retournée à la Bibliothèque, dit-elle tout à coup en faisant une moue un peu boudeuse.

— Vraiment ? Après ce que vous m'avez raconté...?

— Justement, il ne fallait pas que ça en reste là. Je déteste les situations bloquées.

— Alors ?

— Alors, elle a accouché, la belle enfant. À Sainte-Justine, aussi bien dire à côté d'ici. Je l'ai appris d'une autre employée auprès de laquelle je me suis informée, mine de rien, en consultant l'encyclopédie. Congé de maternité jusqu'en novembre. Je crois que Georges aussi a droit à un congé, en tout cas il n'était pas à son poste. Pour tout vous dire, la nouvelle m'a soulagée.

Elle avait rêvé, le soir où elle l'avait apprise, qu'elle se trouvait à Rome, au milieu des ruines, et qu'elle entendait un bébé pleurer. Elle cherchait partout, derrière chaque pierre, chaque colonne, sans parvenir à trouver d'où cela venait. Elle pensait aux enfants infirmes jetés la nuit en bas de la falaise, ou simplement abandonnés, et qui allaient mourir de froid et de faim.

— Cela va vous surprendre, mais une fois le choc passé, ce bébé, eh bien, je me suis mise à lui vouloir du bien. Si je lui reprochais d'exister, je me sentirais méchante, je ne pourrais plus me regarder dans le miroir sans me dire : c'est donc toi, la mégère qui croupit dans sa rancune et poursuit de ses mauvais sorts les nouveau-nés ! Je ne m'aimerais pas beaucoup dans ce rôle-là. Mais je ne vais pas vous raconter que c'est facile... Et puis, peut-être que la perspective du voyage me rend plus détachée.

Jérôme repensa tout à coup aux feuilles de Marc Melville envolées à tout vent. Il cherchait un moyen d'annoncer à Jeanne la terrible nouvelle, tout en sachant qu'elle ne connaissait rien du jeune homme et que ce ne serait pour elle qu'un fait divers, ou le signe d'une tendance générale dont elle avait chaque jour des preuves nouvelles au téléphone. Il cherchait une manière naturelle de parler de la mort de Marc Melville, sans émotion particulière, se limitant à sa réalité brutale, nue et sans explications. Il n'y parvint pas, il eut l'impression qu'à simplement y penser il agrandissait lui-même à vue d'œil la zone d'ombre où il se trouvait. Non, il fallait faire comme s'il n'était rien arrivé et ne pas gâcher le bonheur de Jeanne, elle qui parvenait même à ne pas trop souffrir d'une naissance dont elle aurait eu toutes les raisons de s'affliger. Il lui fit promettre d'envoyer une carte postale et elle s'en alla en blaguant :

— J'espère que ça ne sera pas comme la comète de Halley ! Vous savez, à force d'en entendre parler on s'attend à mer et monde, et on n'a droit qu'à un point à peine visible au bas de l'horizon.

— Rome n'est pas une comète, vous allez être éblouie, j'en suis sûr.

* * *

Il touche enfin, croit-il, son moment de vérité. Il n'y aura plus de faux-fuyants ni de malentendus, il y aura simplement la présence de cette jeune femme qui est sa fille, et il faudra bien que bataille se livre, et que le monde se casse ou recommence, que la vie retourne au néant ou qu'elle se remette en marche dans cette reconnaissance où il y aura eu tout à dire ou à redire pour la première fois. Les lettres ne sont plus rien, elles appartiennent déjà à l'histoire ancienne (comme le pense Jeanne), et quant aux photos, il faudrait en faire un feu de joie et danser toute la nuit dans sa chaleur, et ainsi se consumeraient les pensées malsaines et toutes les maladies de la mémoire (lacunes, hypertrophie, erreurs de perspective), et tout serait prêt pour le grand duel au cœur de l'été enfin arrivé.

Il marche dans l'air suffocant qui s'est étendu sur la ville, il ne retombera pas ce soir sous l'empire de Marc Melville qui n'existe plus, qui n'est que feuilles au vent et poussière d'atomes, il monte la Côte-des-Neiges jusqu'à ce plateau où elle fait le partage entre les morts et les vivants, là où Jeanne Beaugrand dort peut-être déjà à poings fermés pour se sentir fraîche et dispose le jour de son départ, rêvant une fois de plus à des bébés qui pleurent ou à des rites de fécondité, il passe outre et se trouve bientôt sur le chemin de la montagne où il n'est pas venu depuis des mois, il entend en lui-même la voix tonitruante du vieux professeur à la mâchoire crispée, dressé dans toute son indignation et qui leur demande à tous, affalés sur leurs chaises : « Vous vous pensez malins parce que vous êtes dans la fleur de l'âge, mais vous n'aurez pas une once de maturité tant que vous ne vous serez pas posé sérieusement cette question : pourquoi y a-t-il quelque chose plutôt que rien ? », mais comme celle des trains qui se rencontrent, cette énigme est demeurée sans réponse, Jérôme est sorti avant même de la connaître au moment où la voix résonnait au-dessus de leurs têtes ébahies, comme le bang d'un avion super-sonique dont on ne sera jamais le passager : quelque chose plutôt que rien, pourquoi ? pourquoi ?, mais à pré-sent qu'il y a quelque chose, la question n'a peut-être plus de sens, il y a quelque chose et cela suffit, c'est si simple qu'il y aurait de quoi en rire, mais il se contente de marcher, il quitte le chemin principal et bifurque sous les arbres le long d'un sentier peu fréquenté, si sombre qu'il pourrait aisément trébucher sur une pierre ou une branche tombée, il avance en tendant l'oreille : froisse-ment de feuilles, courses d'écureuils et de ratons laveurs dans les sous-bois, avec au loin le bruit des humains qui se déplacent, le roulement pacifique de leurs véhicules dans la nuit, puis un chien qui aboie en contrebas, du côté de l'étang, un chien qui veut mordre ou qui fait les poubelles. Léa aussi, là-bas, pense qu'il y a quelque chose, et cette chose c'est lui-même, lui, le secret de l'énigme, une espèce de centre du monde en attendant qu'un nouveau désordre apparaisse. Toute la vie de Léa concentrée sur lui, le visant en plein cœur. Jérôme étend ses bras en marchant, il sent dans ses paumes et au bout de ses doigts le chatouillement des feuilles qu'il effleure, il en éprouve la fraîcheur et la fragilité, un rien qui pourrait être tout. Entre les arbres, dans la brèche ouverte au-dessus de lui, le phare du centre-ville balaie le ciel, très lentement, un ciel un peu jaunâtre auquel s'accrochent des archipels de nuages. Pas d'étoiles visibles, pas d'aurore boréale, pas de comète échevelée. Seulement un monde à ras de terre où se pourchassent des petites bêtes et ses propres pas qui les évitent. Il marche, il contourne l'étang où quelques ombres circulent encore, certaines accompagnées d'un chien, d'autres par couples qui conversent à voix basse. Quelqu'un rit tout à coup derrière lui, ce rire paraît inconvenant, déplacé.

Il veille sur Léa, ou c'est Léa qui veille sur lui, autrement le monde n'aurait plus de raison d'être, autrement il serait à jamais cet aventurier immobile, ce grand disparu qui a mis toute l'éternité de sa vie dans un dé à coudre et qui ne parle plus à personne. Il a l'impression de les entendre tout à coup, les voix de Jeanne Beaugrand, celles qui ne veulent pas disparaître et qui appellent (mais celles qui n'appellent pas, qui sait à quel degré de silence elles sont parvenues, qui sait quelles chambres irrespirables se sont refermées sur elles ?). Il aperçoit de loin les grandes antennes de diffusion, leurs feux rouges en suspension dans le noir, leurs poutres d'acier entre-croisées éclairées par des projecteurs. D'autres voix, des torrents de mots et d'images s'en échappent à la ronde, mots d'amour et obscénités, mauvaises nouvelles et prévisions du temps, monde invisible. Il marche, et comme il est tard dans la nuit et qu'on ne peut pas indéfiniment tourner en rond, il redescend en longeant la cité des morts vers celle des vivants, il a faim et soif après avoir tant marché, il pense qu'il n'a pas beaucoup mangé ces derniers temps, ce ne serait pas une mauvaise idée de s'arrêter, là, dans le seul restaurant du quartier ouvert toute la nuit et qui porte un nom de conte de fées, voisin de son studio où sourient toujours radieusement Jeanne Beaugrand, le bébé joufflu et l'étudiante diplômée (mais bien peu de passants à cette heure-ci, pour constater ces sourires et s'en imprégner). Il entre dans la lumière crue, dans le froid de l'air climatisé soufflé du plafond par les bouches d'air, la serveuse oisive est assise à la table du fond et elle lit son journal, une chanteuse à la radio parle de choses qui s'envolent, elle a une voix d'écorchée vive et il se demande ce que Léa en penserait, là, assise en face de lui à cette table de restaurant. Peut-être discuteraient-ils de ses projets d'avenir à elle, de son désir d'écrire ou d'autres rêves dont elle ne lui a pas parlé. Ou elle dirait qu'elle ne peut pas vivre ici, que sa mère, ses amis, tout ce qu'elle connaît le mieux se trouve là-bas et elle serait insensible à ses arguments à lui pour qu'elle reste.

Il a demandé un souvlaki à la serveuse qui est allée crier la commande et s'est rassise devant son journal, les yeux courant un peu partout, déboulant les colonnes, puis elle tourne la page qui retombe en frémissant sur les précédentes et elle reprend le même manège, elle lit en vitesse et elle tourne les pages, dans un va-et-vient agaçant qui semble tout gaspiller, tout consumer. Il cherche à lire à l'envers, de loin, un gros titre ou à deviner ce que représentent les photos.

Puis un couple est arrivé, la serveuse s'est mise à distribuer napperons et verres d'eau glacée, tout en allant crier ses commandes par la porte battante qui s'ouvre de temps à autre sur les cuisines. Un gros homme tout en blanc s'y affaire au-dessus d'un gril entouré de casseroles fumantes.

* * *

La photo montre le parc brûlé par la canicule, au loin sur un talus on voit des gens presque nus, des jeunes femmes en bikini et des jeunes hommes, tous devenus très bruns, la tête enfouie sous une serviette ou un chandail, et, plus près, la pataugeuse où s'ébrouent des enfants, le secteur clôturé avec les balançoires et le tunnel de béton, sans doute chaud comme un four. Le gros homme essoufflé qui traîne son chien n'est pas apparu depuis plusieurs jours, parti en vacances ou la chaleur devenue trop forte pour sa carrure. Au moment où Jérôme a appuyé sur le bouton, quelques mouettes se lamentaient au-dessus de lui dans le ciel blanc et les cloches de l'église sonnaient midi à toute volée. C'est la dernière photo avant l'arrivée de Léa. Il a mal dormi cette nuit-là, mais c'était tout le quartier qui ne parvenait pas à s'endormir, des musiques métalliques qui se répondaient, des voitures de police et des ambulances qui laissaient croire à une orgie de crimes et d'accidents, à une inquiétante multiplication du désordre.

* * *

Sur l'autoroute, le lendemain, il vit une masse presque noire s'avancer, du côté des Laurentides et à sa gauche, au-dessus des champs où les vaches s'étaient couchées en attendant la pluie. Des prés, des champs de blé d'Inde, des granges comme celle du vieil oncle exproprié et disparu, avec son camion d'un autre âge, son saint-bernard paresseux, et la tante au visage blanc comme un drap qui se berçait encore, forcément, dans une éternité perpétuant migraines et vertiges. Il ne se rappelait plus la dernière fois qu'il avait vu la campagne, il en était curieusement détaché, il flottait sur elle, ce

151

n'était pas un repos, ni même un rêve, mais plutôt une vieille connaissance qu'il cherchait à retrouver, dont il cernait tant bien que mal les traits oubliés. Il accéléra en apercevant un gros avion qui glissait sur un fond d'orage au-dessus des arbres, mais il ne pouvait pas s'être trompé à ce point sur l'heure d'arrivée, ce devait être un autre appareil que celui de Léa, venant de Francfort, de Rome ou de New-Delhi, et il pensa que le sien survolait encore le golfe, hostile et froid même en juillet, avec sa côte de forêts rabougries et de rivières à saumon, elle découvrait d'une extrême hauteur ce pays troué d'eau et elle guettait avec un mélange d'angoisse et d'excitation les premiers signes de la descente vers les régions plus habitées.

Un léger retard d'une demi-heure était annoncé sur tous les écrans de l'aérogare et il n'y avait qu'à rester là, le front appuyé contre la vitre, sur la mezzanine surplombant le hall des arrivées, penché vers la circulation docile des voyageurs entre les vérifications d'identité et les carrousels à bagages, tandis que derrière eux la baie vitrée donnait sur un ciel assombri et que les fourgonnettes et tracteurs de toutes sortes semblaient circuler dans un crépuscule fébrile au bord de la panique. Parmi le piaillement de la foule collée contre la vitre, une voix se mit à raconter un atterrissage en plein orage : dangereux et spectaculaire, un vrai feu d'artifice et une épreuve pour l'estomac, l'impression de plonger dans le ventre de la tempête, dans un trou noir secoué par des éclairs stroboscopiques. L'homme racontait cela en riant, fier de ce moment exceptionnel de son existence, heureux que les circonstances lui permettent de le raconter, mais est-ce que c'est vraiment dangereux ? demanda un autre, et la réponse fut inaudible à cause des cris qui saluaient l'apparition lointaine de parents ou d'amis et d'un message lancé par les haut-parleurs à un inconnu prié de se présenter au comptoir d'information.

(Il pense que tout pourrait s'arrêter ici, dans cet ultime sursis, à cette frontière où son désespoir continue de courir, comme une poule à qui on vient de trancher la tête, oui, il s'appuierait un peu plus contre la vitre, il entendrait son propre nom prononcé d'une voix imperturbable dans le haut-parleur, puis répété avec de plus en plus d'insistance, prière de vous présenter, s'il vous plaît, dernier appel, c'est de la plus haute importance, il essaierait de se dégager de la foule pressée contre lui mais rien à faire et alors il saurait que tout est consommé, que la vie va se poursuivre sans lui, que Léa est sortie sans même l'avoir vu en se disant, je m'en doutais, je le savais bien que mon père était un homme irresponsable, très doué pour la disparition, ou alors c'est arrivé, cette menace qui planait depuis longtemps, il a carrément sombré dans la folie, le rire au-dedans de lui a fini par gagner, par le ronger de l'intérieur comme une vieille falaise soumise à l'érosion, s'écroulant sans un bruit, ça y est, il s'est en allé comme un glissement de sable dans la mer, heureusement que je ne me trouvais pas là-haut, que j'ai mis pied à terre un peu plus loin, là où c'est solide et où les maisons et les chemins des hommes peuvent espérer tenir quelques années encore, je m'étais toujours douté que cet homme-là était un cataclysme ambulant, aussi bien passer à côté et aller plus loin, qu'il s'efface une fois pour toutes de mes pensées et quant aux siennes, s'il en a encore, qu'elles continuent à s'émietter dans les vagues, car seuls les rocs méritent de survivre.)

Mais non, il savait bien que tout était joué, que tout à présent se déroulait conformément à un plan qu'il ne pourrait que bousiller plus tard, en temps et lieux, si le cœur lui en disait ou connaissait à nouveau un de ces ratages en douceur qui lui étaient si familiers, n'ayant rien du panache qu'ont les cataclysmes subits et les orages entre ciel et terre, il le savait, et quand il la vit apparaître (bien qu'il eût mis quelques instants à la reconnaître, car les photos mentent toujours et ne disent rien d'une démarche, de ces gestes anodins qui définissent un être, légers mouvements de tête, façons de tourner les épaules ou de replacer la chevelure du bout des doigts), il appuya davantage son front contre la vitre salie par des empreintes de mains et de nez, il aurait voulu descendre en chute douce à côté d'elle, comme une apparition qui l'aurait surprise (ah ! tu étais donc là, je le sentais vaguement), il la vit qui remettait son passeport dans le sac qu'elle portait à l'épaule comme tous les voyageurs, il la vit choisir un chariot vide au bout du train interminable tout juste poussé là par deux employés, elle le libéra d'une geste ferme puis elle jeta un regard myope vers la galerie où s'alignaient les visages étrangers, elle semblait si seule au monde tout à coup, si laissée à elle-même, inquiète de qui l'attendait ou peut-être ne l'attendait pas, il sentit qu'il la voyait comme jamais plus il ne pourrait la revoir, d'un regard qui l'enveloppait entièrement et voulait la protéger sans qu'elle le sût, comme une présence suspendue et invisible planant sur elle et lui chuchotant : je suis là, je suis là et tout ce qui a eu lieu avant n'existe plus, c'est fini mais aussi tout commence, le monde se remet à tourner en sens contraire, il la vit se pencher au-dessus du carrousel pour chercher à voir si venaient ses bagages, en équilibre instable sur une seule jambe, elle retrouva difficilement la station debout, et il pensa qu'elle était plus mince et plus grande qu'il l'avait imaginée, et surtout plus âgée, plus sûre de ses gestes malgré l'inquiétude qu'elle avait, puis elle se pencha à nouveau et s'agrippa des deux mains à une grosse valise, et quand elle l'eut déposée sur le chariot et se fut dépêtrée de la masse des voyageurs qui attendaient toujours, elle s'arrêta soudain dans un espace libre et elle fouilla encore dans son sac, il la vit ouvrir un écrin et s'appliquer un peu de rouge sur les lèvres en se regardant dans le miroir qui tenait dans le creux de sa main, par un souci peut-être à peine conscient de faire bonne impression, il pensa que s'il avait eu un miroir dans sa poche, si la vitre devant lui avait renvoyé le moindre reflet, il se serait empressé de vérifier l'allure présente de ses propres traits, la profondeur des rides au coin des lèvres, la couleur de ses yeux qui lui semblait varier selon les jours et les éclairages, il se rappelait seulement qu'il s'était peigné et rasé avant de quitter la maison et qu'il s'était trouvé ordinaire et un peu trop vieux. Il se retourna et dut jouer des coudes pour se dégager et atteindre l'unique escalier qui le séparait d'elle, il en dévala les marches à toute vitesse et se trouva dans une nouvelle foule, massée devant des portes en vitre dépolie qui battaient régulièrement, il y eut trois ou quatre ouvertures et il se demanda comment elle pouvait mettre un tel temps pour parcourir une si courte distance (à moins qu'elle ait eu à subir une fouille, sa valise sens dessus dessous, vêtements dépliés, tubes et flacons soupçonnés du pire) mais presque au même instant elle apparut, à quelques pas devant lui, derrière des gens qui s'embrassaient et sanglotaient à l'italienne, il lui fit un geste de la main au-dessus des têtes et il la vit sourire, et ce moment, il sut que c'était le premier et le dernier, quelque chose de proche et d'intime qui le pressait et lui faisait sentir d'un seul coup l'extrême

distance où il avait été, un éclair de solitude ultime où
il appelait encore au secours en s'abandonnant, puis elle
fut dans ses bras, il eut ses cheveux contre sa joue, un
chatouillement léger, un étonnement qu'elle devait
ressentir elle aussi, appuyée contre lui, sans qu'il fût
possible de faire un geste de plus, comme s'ils avaient été
tous deux à l'écoute d'un bruit, d'un souffle ou peut-être
d'une chanson ancienne qui les avait réunis dans un
autre temps, très lointain et confus, une musique du fond
de la vie avec des couplets et un refrain et une histoire
démodée de princesse ou d'eau qui coule, qui revient
accompagner les drames sans paroles et les grands
bonheurs.

* * *

L'orage ne vient pas, l'orage est une masse noire qui
avance à pas de tortue sur les champs cultivés où le foin
en rouleau finit de sécher, où les vaches égales à elles-
mêmes font leur travail immobile, il doit pleuvoir au loin
sur les premières collines et sur des fermes éloignées où
les chiens ont battu en retraite et déjà, installés aux
fenêtres, des enfants attendent le grand spectacle,
derrière eux une grand-mère immémoriale allume des
cierges et asperge la maison d'eau bénite en récitant des
invocations, c'est la grand-mère de toujours, celle de la
Côte des anges ou de quelque autre rang de traverse,
celle qui croit à Dieu et à diable et qui émerge de la
lignée obscure des ancêtres avec ses rameaux fertiles et
ses branches latérales et sans avenir, ses culs-de-sac en
forme de curés, de chanoines et de sœurs cloîtrées, les
avortons du grand arbre des générations, un jour sans
doute il racontera à Léa ce qu'il sait de cette histoire,
presque effacée à présent, il lui racontera (s'il s'en sou-

vient) les orages de son enfance et les maisons en rase campagne en été même si cela existe à peine, maintenant qu'il a basculé dans un autre âge, il regarde Léa du coin de l'œil en quittant à peine des yeux la route, et elle lui renvoie un regard indéchiffrable, ils sont redevenus les étrangers qu'ils doivent être, le petit espace qui les sépare entre les deux banquettes est à nouveau béant, à la mesure de la vingtaine d'années qui les a séparés, ils cherchent leurs mots dans cette immensité et il dit : c'est curieux, cet aéroport, au beau milieu de la région d'où vient ma famille, je devrais dire *notre* famille. Il semble que ce petit coin de pays se réveille à leur passage, c'est tout cet espace qu'il voudrait habiter avec elle pour le redécouvrir, lui montrer la ferme du vieil oncle, la maison de la grand-mère, les deux montagnes jumelles qui brisent au loin l'immensité de la plaine. À l'époque de sa déroute au collège, quand Rien l'avait emporté sur Quelque Chose, il avait été pris d'une soudaine passion pour ce paysage qui signifiait les vacances d'été, pour l'odeur du foin et l'haleine des vieux chevaux, pour la boue et le fumier, un absurde désir de retour à la terre dans le désert de son adolescence, une foi soudaine en la culture des betteraves et la traite des vaches comme médecine de l'âme, mais pas question bien sûr, son avenir se trouvait dans un journal plutôt que dans une grange, dans Arlette et Léa plutôt que dans les petits veaux et les cochons de lait qui grognent, puis la région elle-même s'était défaite au delà de toute vraisemblance, sous l'emprise d'un aéroport irréel qui s'annonçait de la taille d'une petite province, de sorte que le vieil oncle avait fini ses jours à Laval et la grand-mère était morte de chagrin en voyant partir sa maison en pierres numérotées pour être reconstruite ailleurs, corrigée par des connaisseurs en histoire, des spécialistes de l'authenticité. Il n'y avait plus de retour possible et d'ailleurs lui-même avait déjà liquidé cette nostalgie insensée, il vivait à présent sur la planète d'Arlette et de Léa, les passions étaient chez lui des mondes qui se suffisaient, il n'y avait plus rien au dehors et c'était un grand risque dont il avait payé le prix, mais peut-être y a-t-il maintenant moyen de tout réunir et de cesser d'avoir peur, puisque les mondes évanouis retrouvent parfois leur forme, puisque Léa lui revient, assise en chair et en os à ses côtés, avec ses lèvres un peu trop rouges et ses yeux noirs qui semblent n'avoir jamais dormi.

IMPRESSIONS SUR PAPIER MAUVE

Tout ce que j'avais pensé se dérobe, tout se soulève en tourbillon autour de toi sans pouvoir s'arrêter. Nous roulons sur une route désolée, sous la pluie dure comme grêle et les éclairs en saccades, tu dis que tu as fait ce détour (oh ! peu de chose, nous sommes presque en banlieue malgré les fermes à perte de vue, brouillées par l'eau qui ruisselle), tu as fait ce détour pour me montrer le coin de pays où tu passais tes vacances d'été, le pays de ta grand-mère et des autres qui ne sont pas encore les miens, moi qui suis incapable pour l'instant d'imaginer que je viens un peu d'ici, et de toi (mais cela, moins que toute chose, comment le concevoir ?), je t'observe et les mots me manquent, je t'approche comme un mystère trop longtemps conservé et qui a mal tourné. J'avais imaginé des conversations toutes faites qui nous auraient situés sur la carte du monde, des propos de repérage et d'apprivoisement, des mots banals pour commencer puis des phrases inoubliables, bien rythmées, lâchées tout à coup, déployées comme des armes secrètes, des aphorismes qui disent tout sur un être — mais cela se dérobe tout à fait, il n'y a plus que ta présence de sphinx qui me laisse bouche bée, et ce ciel noir qui crève sur nous. C'est fréquent dans les périodes de canicule, dis-tu, quel dommage que cela arrive à ce moment-ci. Mais moi je pense le contraire, aussi bien affronter tout de suite les difficultés même si elles ne sont pas voulues, aussi bien ne pas jouer à la sérénité, le soleil ne sourit pas, ni le cœur, les nerfs sont trop tendus, la gorge trop serrée. Dans les histoires anciennes que j'ai lues grâce à ma mère, dans des petits livres si beaux qui m'accompagnaient jusqu'au sommeil, il y avait toujours des engloutissements, des déluges, des surgissements de flammes infernales, des avalements, des enlèvements, des viols, des tempêtes qui ruinent ou effacent tout. Rien ne se passait, rien ne se créait sans des cataclysmes et des crimes comme ceux-là. Peut-être sommes-nous tout à coup dans une histoire ancienne, peut-être tout cela a-t-il été voulu, orchestré par une configuration particulière des astres ou par un dieu qui a pensé à nous ? J'ai l'impression de me trouver au bout du monde et je scrute ton profil, je guette la confirmation de ce que j'ai cru percevoir dans tes lettres, les signes visibles de cette solitude épouvantable qui a été la tienne, par quel choix néfaste et fatal, par quelle rage d'autodestruction, je l'ignore, puis tu dis : Je pense qu'on va être obligés de s'arrêter, et tu ranges la voiture au bord de la route, dans l'entrée de gravier menant à un pavillon moderne, sur le perron il y a un chien qui nous a aperçus et qui s'est mis à aboyer comme un fou, puis une femme apparaît à la fenêtre, elle nous observe comme les intrus que nous sommes, je dis : c'est drôle, je n'imaginais pas ainsi vos fermes, et tu réponds qu'elles ne sont pas toutes comme cela, mais que par ici, on a construit beaucoup de *bungalows* à la place des vieilles maisons de pierre, puis tu te tournes davantage vers moi, tu dis : Je ne pensais pas qu'on se reverrait jamais — moi non plus, à vrai dire, je ne pensais pas, je te regarde comme un drôle d'homme revenu d'un monde blanc qui n'a jamais existé sauf dans mes rêves, ou à des distances inimaginables qui reviennent au même, je sais seulement qu'il fallait que tu te dresses en chair et en os au bout de ce voyage, qu'il y avait un silence en moi qui jamais ne pourrait parler si tu ne venais pas l'habiter, si je ne te voyais pas *vivre*, vraiment, si ton image ne s'incarnait pas pour rire, pleurer, boire et manger. Suis-je victime d'une illusion ou d'une histoire rabâchée ? Ai-je raison de croire que la vie des pères est intéressante et non pas un vieux disque usé, et qu'elle chuchote quelque chose à qui ose s'en approcher ? Et si tout cela n'était que leurre, car je comprends à te voir que tu pourrais bien ne m'apporter qu'un plus grand silence (même si je ne veux pas le croire), une perdition plus fatale que toutes celles que l'on peut craindre dans ce monde où il est si facile de se perdre et de trouver le désert. C'est absurde je le sais bien, nous sommes assis là dans une voiture au milieu d'un orage qui veut tout inonder, avec ce chien qui aboie toujours et je comprends seulement que j'ai été naïve. Je croyais que tu aurais la parole aisée et naturelle, que tout s'ouvrirait en toi d'un seul coup comme l'eau trop longtemps contenue par un barrage, et ce ne sont au contraire que des paroles raréfiées, des sous-entendus, tu dis : Toutes ces années à ne pas savoir où tu étais, ni même si tu étais vivante ! et je dis : Cette histoire entre toi et ma mère, cela s'est passé entre vous, je n'en ai même pas eu conscience, et tu réponds que c'est vrai, je vois tes doigts tourner la clé de contact pour éteindre le moteur, les essuie-glace s'arrêter de danser à mi-parcours, en travers du pare-brise, et nous restons là à nous regarder étonnés, presque assommés par ce « vrai » qui nous tombe dessus, boîte noire impossible à ouvrir. Nous scrutons à nouveau l'un l'autre nos visages, dans le tien je perçois ce quelque chose de familier qui trouble et inquiète, je sais que sans photo je ne t'aurais pas reconnu si je t'avais rencontré dans la rue, et toi non plus sans doute. Nous nous serions croisés dans la méconnaissance totale de qui nous étions et je trouve tout à coup terrible cette possibilité, comme si elle était la figure même d'un destin noir qui aurait pu être le nôtre mais qui ne l'est pas puisque nous sommes face à face et que je sais qui tu es. Est-ce que je le sais vraiment, moi qui suis si avide d'une confirmation de ta part, désireuse de t'entendre répéter que tu es mon père, moi qui n'ai peut-être traversé l'océan que pour cela, pour toucher du doigt une certitude acquise, pour t'entendre redire : je suis ton père et en tirer je ne sais quel plaisir ou quel pouvoir.

Nous sommes repartis, la pluie a ralenti d'un coup, assez pour élargir l'horizon, pour rouvrir une prairie où deux chevaux tête-bêche s'accompagnent au sortir de l'orage qui les a laissés ruisselants (j'ai du mal à croire qu'ils sont restés là, immobiles, en attendant que tout soit fini et que la paix revienne). Tu dis : Il y a un village pas très loin, on pourrait s'arrêter pour prendre un café, et je réponds : Oui, bien sûr, tandis que tu navigues parmi d'énormes flaques d'eau à l'entrée de Saint-Augustin (le nom entre parenthèses, sous celui de l'aéroport qui étend jusqu'ici son domaine). Maintenant il me vient l'idée que ce détour qui me semblait fou est aussi une manière de retarder le moment où nous nous retrouverons chez toi, dans cette demeure qui incroyablement a aussi été la mienne à une époque dont je n'ai aucune mémoire. Je vois des gens qui marchent dans la rue du village, des enfants qui jouent devant une maison en construction, sur une pile de laine isolante d'un rose éblouissant, un bar qui annonce bizarrement des danseuses nues *continuelles*. Tant d'inconnu dont toi seul peux m'indiquer les règles, toi qui es pourtant plus mystérieux que tout le reste, avec ce mutisme et cette inertie que tu t'es imposés comme une juste punition, alors que tu aurais pu partir, changer au moins de lieu, ou revenir à la charge, débarquer une autre fois dans la ville où nous étions, ma mère et moi (pourquoi cette résistance presque stoïque ou cette espèce d'hibernation ?). Voici que devant nous se dresse une grande église de pierre avec son petit cimetière où il me semble y avoir plus d'herbe que de tombes, une sorte de jardin avec de grands arbres mouillés que le vent essore et fait pleuvoir sur la voiture qui s'arrête, nous en descendons pour marcher et peut-être pour nous sentir moins serrés l'un contre l'autre, plus libres de nos regards et de nos mots.

* * *

Chaque année, dis-tu, à la Toussaint, vous veniez ici tes parents et toi, le fils unique et bien-aimé (c'était avant la déroute, avant la trahison) : un prêtre en chasuble récitait des prières, des invocations à laquelle la foule répondait, c'était dis-tu la visite des vivants aux disparus, un dernier salut avant l'hiver, un parfum d'encens se répandait, cet encens qui était comme la poussière du mercredi des Cendres promise à tous comme un destin incontournable, comme une loi devant laquelle on s'incline avec humilité même enfant. Mais en cet instant il n'y avait rien de lugubre, cela ressemblait à une visite de la parenté avant les grands froids, sous le dernier soleil, une sorte de fête où l'on apportait des fleurs à ceux qui dorment dans le noir de la terre, sous ce jardin adossé non pas à des rues de banlieue moderne comme à présent, dis-tu, mais donnant sur la campagne couverte de rosée ou de gelée blanche, selon les années.

* * *

Étrange après-midi, rencontre si longtemps attendue qui me laisse déphasée, dépaysée, où je cherche comme à retrouver l'équilibre à travers lui, accrochée aux moindres signes qui passent dans son visage, aux petites rides soucieuses, aux mouvements de ses lèvres. Je me dis que la seule chose qui compte, c'est moins de combler ces années perdues dans une sorte de sommeil profond, que de sauver au moins ce qui a bel et bien existé, l'époque où l'irrémédiable n'avait pas encore été commis. Parle-moi de ce temps-là, ai-je demandé dans un accès de sentimentalité qui est mon seul recours, dis-moi si tu me tenais souvent dans tes bras, si tu me chantais les airs que l'on chante aux bébés pour les endormir (à ce moment, il me semble que ma tête résonne d'une de ces chansons faciles, mais c'est la voix de ma mère que j'entends et qui s'interrompt en disant : allez ! chante, Léa, chante avec moi pour que nos doigts dansent et inventent de belles choses), puis il dépose la tasse de mauvais café qu'il a portée à ses lèvres, tout autour il me semble qu'on nous écoute, que la serveuse occupée à essuyer des verres derrière le comptoir tend l'oreille, que les gens qui passent dans la rue, entre le restaurant où nous sommes et la façade de pierre de l'église, ralentissent pour nous observer d'un air attentif, comme s'ils savaient que nous parlons d'une question capitale pour le bien commun, un événement qui aurait changé le cours de l'histoire, ridiculement petit et obscur : est-ce qu'il m'a prise dans ses bras en tremblant d'émotion ou machinalement, pour que je cesse de pleurer et m'abandonne au sommeil, est-ce que j'ai été au centre de sa vie ou un simple accident de parcours et si j'ai été à ce point importante, pourquoi m'avoir laissée filer, ou peut-être n'ai-je été au centre que dans le souvenir, suis-je devenue essentielle précisément faute d'être là, comme une obsession grandissante et un peu morbide ? Il a dit : oui, bien sûr que je te prenais dans mes bras, et je me levais la nuit pour aller vérifier si tu dormais bien. Dans ses yeux, le souvenir d'une passion vraie, d'un bouleversement dont il ne s'est peut-être jamais remis, comme si de m'avoir eue et aimée prenait pour lui des proportions terribles, puis il a parlé de cette étrange idée qu'il évoquait dans une de ses lettres, ces photos quotidiennes qu'il avait faites de moi à cette époque-là et que j'ai si hâte de découvrir et il dit : Oui, je vais te les montrer. Elles m'ont fait un peu peur quand je les ai regardées l'autre jour, mais pour toi, j'imagine que cela peut être intéressant.

* * *

J'écris toute proche de lui, séparés que nous sommes par une seule cloison derrière laquelle je le devine se préparant à dormir. Tout à l'heure il a pris sa douche, j'ai entendu ses pas dans le couloir, puis le jet dru des robinets que l'inverseur a transformé en pluie fine. J'écris dans sa détresse, je l'effleure et la palpe, je l'écoute et la respire, et je ne sais pas combien de temps je vais pouvoir supporter cette lenteur de tortue, cette passion gelée qu'il y a en lui. Oh ! qu'il se lave, que son visage ruisselle, qu'il se purifie enfin de ce mauvais fardeau qui pèse et qui écrase ! Dès le premier jour, dès l'après-midi où nous sommes finalement parvenus chez lui après un long détour qui m'a permis de voir le pays environnant, j'ai su que j'étais conviée à une sorte de rite dont je dois découvrir chaque jour les règles et les étapes. À son contact, mes mots se perdent et je dois les réapprendre un à un au bord de la nuit, en tendant l'oreille vers ses derniers mouvements avant qu'il se couche, puis il n'y a plus que les bruits nouveaux du quartier qui m'entoure, des rires, une bouteille qui se brise, une sirène en panique. Et le souvenir de sa présence à lui durant tout le jour, une présence sourde et tenace, un mur humain que l'on toucherait les yeux fermés dans le noir, à tâtons, en cherchant la bouche, les yeux, une issue quelconque.

Suis-je venue ici pour dresser un procès-verbal, le bilan d'une rencontre qui n'aura pas eu lieu ? Et pour désapprendre à écrire, moi qui commençais à y arriver, me semblait-il dans ma trop grande naïveté ? Comme tout ceci est difficile, comme chaque phrase est aussi douloureuse qu'une dent malade !, et même toi ma mère, tu ne pourrais pas grand-chose pour m'aider et il vaut mieux à vrai dire que tu ne t'y essaies pas, même en pensée. Je suis seule avec lui, au bout d'un cercle qui est aussi un commencement, dans une pièce où j'ai parfois l'impression d'avoir des hallucinations, une pièce qui, chose incroyable, a été jadis ma chambre d'enfant, même s'il n'en reste aujourd'hui aucun signe. Il me suffit de savoir que ces murs ont entouré mes premiers mois, que cette fenêtre a été ma première ouverture sur le jour, et j'éprouve quelque chose que je peux à peine décrire, comme un deuil devenu vain, démenti par les faits, comme la nostalgie non pas d'un objet lointain, perdu, mais d'un lieu retrouvé qui se dérobe encore, que je ne parviens pas à comprendre, qui n'est pas à moi.

La surprise de me retrouver devant l'immeuble où il habitait, le premier jour ! Rien n'était comme je l'avais imaginé et au surplus, une panne de courant frappait le quartier (sans doute un transformateur frappé par la foudre, a-t-il dit). Le ciel était resté sombre, j'ai trébuché dans l'escalier derrière lui, il traînait presque ma valise la plus lourde, beaucoup trop lourde, et il s'est retourné brusquement en disant : De toute façon, ici, c'est toujours sombre, puis nous sommes entrés et j'ai pensé : non, c'est à peine concevable, comment croire que j'ai déjà vécu ici, que quelque chose de moi a connu cet immeuble médiocre, comment a-t-il pu ne pas déménager, dans une ville si immense ? Il a dit : Voilà, c'est ta chambre, et il a déposé la valise sur le divan-lit déjà ouvert. Il s'est redressé bien droit, un peu raide, comme s'il ne connaissait pas le geste suivant, puis il s'est approché et il a posé sa main droite sur mon épaule en disant : Je suis heureux que tu sois ici, et il m'a semblé qu'il ne mentait pas, certes, mais qu'il s'écoutait prononcer chaque syllabe, qu'il cherchait à mesurer le sens exact de ses propres paroles, puis il a reculé et regardé autour de lui la pièce qui commençait à s'assombrir, en disant : J'espère que cela ne va pas durer jusqu'à la nuit.

— Et ça, qu'est-ce que c'est ? ai-je demandé.

Des rangées et des rangées de photos bien alignées sur le mur en face du divan-lit. Je ne pouvais pas très bien distinguer les sujets, mais je pouvais voir en dessous de chacune une petite étiquette blanche qui devait être une légende. On aurait dit qu'il les avait oubliées ou qu'il en avait honte, en tout cas il a paru embarrassé :

— Oh ! c'est une vieille habitude, un calendrier personnel, comme les gens qui collectionnent les timbres. Je fais cela depuis des années.

J'ai pensé, naturellement, aux autres photos, celles de mes premiers mois, je brûlais de les voir mais je ne voulais rien précipiter et j'ai préféré attendre pour en reparler.

Un peu plus tard, après que je me fus rafraîchie et changée, il a sorti des bougies puis il s'est mis fébrilement à chercher des allumettes comme si sa vie en dépendait, en se demandant où diable il avait bien pu les mettre et en pestant contre lui-même, je marchais derrière lui d'une pièce à l'autre, je le voyais ouvrir et refermer des tiroirs avec une colère croissante qui le rendait maladroit mais quand il les a eu trouvées, dans l'éclairage trop faible et un peu vacillant, son visage a paru à nouveau calme et presque aussi jeune que je l'avais rêvé.

* * *

Les mondes que j'imagine sont peu habités. La foule se presse trop nombreuse, elle parle trop fort autour de moi. Alors il faut éclaircir la forêt, nettoyer le paysage. Quelques amis, quelques ennemis suffisent pour faire une vie. En dehors d'eux, la terre marche toute seule, les fleuves coulent, les téléphones sonnent dans le vide. C'est la seule explication que je trouve au récit que je lui ai envoyé, au début, et je sais bien que ce n'en est pas une. À présent, dans cette chambre où je pourrais l'entendre ronfler, de l'autre côté du mur, s'il ronflait (mais son sommeil n'est pas bruyant, et s'il parle dans ses rêves je ne l'entends pas), à présent que je suis ici moi-même au bord du sommeil à griffonner quelques notes (mon papier mauve va bientôt faire défaut, mais il y en a du bleu, du rose et peut-être aussi du vert au fond de ma valise), je sais que malgré l'immeuble et le quartier et la ville, malgré l'été qui vrombit et tonne de tous les côtés, ce monde-ci contient vraiment peu d'habitants, non par simple manque de densité, ni pour cette vieille raison un peu larmoyante que donnait ce poète dont on m'a fait apprendre les vers par cœur au lycée, non pas parce qu'un seul être manque, mais au contraire, parce qu'il occupe trop de place et que tout devient pâle et exsangue dans ses parages. Non, cet être n'est pas mort, je ne le crois pas, mais peut-être la vie est-elle en lui quelque chose de trop terriblement obscur et acharné, une demande qui ne se connaît même plus elle-même. Être sa fille, c'est bien le vrai mystère. Oui, mon père s'ignore, il ne sait ni ce qu'il fait ni ce qu'il est, et je crois qu'il n'est même plus en son pouvoir de se souvenir du jour où la vie a débordé de lui pour m'engendrer. Il attend, il dort (sans doute mal), il écoute, il avale calmement, sans espérer rien, pas même que sa faim et sa soif soient comblées. Car il a faim et soif, j'en suis sûre, bien qu'il soit le plus loin possible de l'admettre. Au fond, il est peut-être un monstre d'orgueil. Son ignorance même est une feinte redoutable. Que suis-je, moi, devant cette énormité, d'où suis-je sortie, et ne suis-je pas à mon tour menacée d'inexistence, au moment même où je me rapproche de lui ?

* * *

Il était allé chercher les albums et nous étions là, dans cet éclairage d'un autre âge, à tourner les pages sur ces centaines d'exemplaires de la petite Léa, fille d'Arlette et de Jérôme, Léa au berceau, aveugle, un poing dans la bouche, Léa emportée par les jours vers une destination inconnue, vers des mondes dont elle n'avait pas idée. Mon propre visage ! C'était à ne pas y croire, ou à imaginer que si on allait voir tous les deux dans la petite chambre, on y trouverait un bébé qui babille et vous sourit parce qu'il vous reconnaît, un bébé qui aurait été une autre que moi. Je tournais les pages avec incrédulité, il y en avait un trop grand nombre, je me multipliais sous le regard invisible de mon père, rien n'indiquait que cette merveilleuse constance allait s'effondrer, aucune défaillance, aucun moyen de déceler un malaise. Seulement la même action toujours répétée, comme une loi qui ne peut proclamer ou interdire que ce qui la concerne, à jamais, à moins de renoncer à être ce qu'elle est.

Il a dit : Elles sont à toi, bien sûr, et son visage où affleurait comme un air d'adolescence semblait rempli de bienveillance triste, puis il s'est levé rapidement, il est allé à la fenêtre et en contemplant la rue qui commençait à s'assombrir il a presque chuchoté : C'était une époque très chaotique, tandis que je tenais l'album sur mes cuisses, ouvert aux alentours de ma deuxième année, à quelques jours de la grande séparation. Je me suis rappelé la vieille page de journal, jaunie et rongée aux plis par le temps, que j'avais trouvée un jour dans le coffre de ma mère, parmi des papiers divers, des plans, des prospectus, une page remplie d'articles sur une manifestation qui avait mal tourné, avec une photo montrant des chevaux de la police cabrés devant un attroupement de gens qui brandissaient des bâtons et des bouteilles, une image de tumulte rendue dramatique par l'obscurité ambiante et par les chevaux eux-mêmes (oh ! les yeux épouvantés des chevaux, leur façon de sentir que les choses tournent mal, que la fin approche, comme dans les albums d'art de ma mère, au premier rang de combats féroces, oh ! ces chevaux peints qui sont prêts à piétiner, ou blessés à mort et couchés sur le flanc, les sabots nerveux, désespérés), sauf que cette page de journal jaunie et son papier médiocre empêchaient de bien saisir les détails, on devinait les yeux allumés plus qu'on ne les distinguait, et c'est alors que j'avais lu la légende et le nom du photographe, Jérôme Roy, qui apparaissait à l'angle inférieur droit, et tout ce que je savais jusque-là, depuis ma grand-mère et sa folle histoire du Canada, depuis les secrets arrachés à ma mère, tous, sauf le nom, qu'elle finissait toujours par cacher en tournant la chose à la blague, en haussant les épaules : qu'est-ce que ça peut bien faire, quelle importance à présent ? — tout ce que je savais se concentrait soudain dans ce nom, j'en étais sûre, c'était lui qui avait un certain soir photographié ces chevaux cabrés durant une émeute. Oui, avait dû reconnaître ma mère, et si cela peut t'intéresser, il avait des aventures avec d'autres femmes à cette époque-là, il rentrait tard le soir sous prétexte qu'il se passait un tas de choses dans la rue mais je suis persuadée qu'il y traînait aussi, dans la rue, il y courait la grande aventure, il se laissait émoustiller, il avait même fini par avouer qu'il se découvrait (eh oui !) une sensualité inconnue, il se gaspillait à droite et à gauche, nous laissant toutes les deux à nous-mêmes, croyant compenser en aimant, si on peut dire, sa petite fille à la folie, en la berçant pendant des heures, et moi ta mère qui entendais sa voix pleine d'une émotion insupportable, l'émotion des hommes qui ont bu ou de ceux qui s'enivrent d'eux-mêmes, n'ayant plus la maîtrise de leur vie et de leur entourage, et qui s'enlisent ou dérapent avec un sanglot dans la gorge, comme un chat.

Il était toujours à la fenêtre, tourné vers moi cette fois et à contre-jour (pour ce qui restait de ce jour qui ne s'était pas remis de son orage), j'avais refermé l'album et il a dit : « Si nous sortions ? De toute façon, on ne peut pas manger grand-chose ici tant que le courant ne sera pas revenu », et il y a eu cette coïncidence anodine, un de ces gestes qui arrivent dans la vie quotidienne, lorsque deux personnes se penchent par exemple pour ramasser le même objet et que leurs têtes se cognent : il a soufflé une bougie de son côté, moi du mien, puis nous nous sommes tournés sans l'avoir prévu pour souffler la seule qui restait, nos deux visages se sont approchés brusquement l'un de l'autre, j'ai vu ses yeux luire dans la petite flamme mais cela n'a duré qu'un éclair, elle s'est éteinte aussitôt dans la rencontre de nos deux souffles puis nous nous sommes redressés dans la pénombre, j'ai ri et lui aussi, et l'instant d'après nous étions dehors, au bord du soir, dans cette rue sans beauté où les immeubles ne sont ni vieux ni neufs, mais tous un peu décrépits, je marchais à côté de lui comme je l'avais tant de fois imaginé, je sentais, sans qu'il émette vraiment aucun bruit particulier, qu'il devait se parler à lui-même, en-dedans, puis nous avons longé le parc où il m'a dit qu'il venait souvent et où, a-t-il ajouté, tu as fait tes premiers pas quand tu étais petite.

Les arbustes mouillés, les fleurs de tilleul suspendues sur nos têtes, le cliquetis d'un engrenage de vélo mal ajusté, un chien qui cherche son souffle, le cri d'une jeune fille qui se balance, le vrombissement d'un avion, la radio à plein volume par la vitre ouverte d'une voiture. Des déplacements, des promenades à l'aube ou au crépuscule de la vie, des jeux que je ne connaissais pas. Il a dit que ce parc sans beauté spéciale, sans jardin, sans fleurs ni fontaine ni grands arbres, avait été transformé à une certaine époque, en vue d'épreuves préparatoires aux Jeux Olympiques. De loin, à travers les feuillages qui bordaient la rue, on voyait des bougies vaciller encore aux fenêtres des maisons. Beaucoup de gens semblaient errer en attendant que la lumière revienne, certains s'entraînaient en contrebas malgré les flaques d'eau, mais les courts de tennis étaient vides. Nous sommes descendus sur la piste dont la surface élastique donne l'impression qu'on s'y enfonce et qu'on rebondit, très légèrement. De grands jeunes hommes aux jambes musclées nous doublaient. Qui sait ce qui serait arrivé si on s'était mis à courir, à perdre haleine, jusqu'à épuisement ? Curieuse impression que cela nous aurait fait du bien. Il regardait les mouettes étalées sur la pelouse centrale devenue boueuse, il a dit qu'il avait vu les mouettes, une fois, attaquer une femme qui mangeait sur un banc. Elle avait seulement commencé à les nourrir, elle leur jetait calmement des frites, puis elles n'ont plus voulu que cela s'arrête. Il les observait d'un air méfiant, mais elles ne semblaient pas se préoccuper de nous. Il a dit que si je cherchais bien parmi les photos affichées au mur de ma chambre, j'allais reconnaître cette femme, elle porte toujours une large jupe à volants, elle tient un sac à provisions dans chaque main et elle va et vient le long de la Côte-des-Neiges, bien qu'on ne l'ait pas vue ces derniers temps. Il pense qu'elle se trouve peut-être à l'hôpital.

* * *

Et c'est alors, alors seulement, quand la grande roue du destin nous échappe et qu'elle roule toute seule, quand les vagues de sentiments taris se soulèvent, quand le monde cesse d'avoir peur jusque dans sa propre chair, dans sa terre de rêve et de malheurs, quand une enfant se réveille la nuit non plus à cause d'un cauchemar qui l'a lancée dans l'abîme, mais parce qu'une douce odeur de fleurs invisibles s'est infiltrée par la fenêtre et exige d'être respirée, c'est alors que l'homme qui se cache depuis toujours se dresse dans toute sa stature et appelle au secours. Mais cet appel est trop secret, trop silencieux, et personne ne l'entend. Il a mal dormi, une fois de plus, et il sait moins que jamais qui il est. Il étire son corps et bâille, il avance pieds nus sur le plancher qui craque, et qui aurait cru qu'ici, dans ce monde si jeune, les planchers allaient craquer sous le poids d'un père qui titube vers la cuisine ? Il ouvre la porte du réfrigérateur qui s'est remis en marche durant notre sommeil, quand le courant est revenu, nous qui l'attendions encore au moment de nous coucher et qui avons tâtonné une fois de plus vers les bougies et les allumettes comme des êtres primitifs dépourvus des choses les plus simples. Je me suis endormie presque tout de suite, complètement assommée, je suis tombée de rêve en rêve, j'ai rêvé à tout ce qui n'était pas lui, à des paysages blancs que son pied n'avait jamais foulés, à des photos magnifiques réalisées en son absence, à des fêtes populaires, à des tableaux qui montrent des chevaux malades de terreur et des corps piétinés. Le visage de ma mère passait parfois sur tout cela, comme une pleine lune qui ne pouvait rien pour moi, sinon m'affoler davantage. Je me suis réveillée en pensant qu'il fallait que tout se brise une bonne fois, que je devais au besoin provoquer le pire, faute de quoi tout deviendrait vite insupportable. Il n'y avait que cela pour rester digne, mais je me sentais très fatiguée.

Je l'ai entendu fouiller dans le réfrigérateur, remuer des objets sur les tablettes métalliques, je pensais que cela m'avait toujours ravie, le bruit que font les hommes, tôt le matin dans la maison, avant que la journée commence (ceux qui se levaient trop tard, je les détestais), et presque tout de suite je me suis levée à mon tour, malgré le sommeil qui me fermait de force les yeux, j'ai ouvert la porte de ma chambre et je me suis avancée dans le couloir. Il était là en pyjama devant la porte encore ouverte du réfrigérateur, éclairé par sa seule lumière jaunâtre, il tenait dans sa main un petit pot de lait et il semblait hésiter comme s'il avait fini par oublier ce qu'il cherchait d'autre puis il m'a entendue, il a sursauté, je sentais le plancher froid sous mes pieds et au même instant j'ai vu ses doigts lâcher l'anse du petit pot qui est tombé en chute libre et s'est fracassé entre nous, faisant gicler son lait glacé sur mes chevilles, et il a dit : Excuse-moi, tu m'as fait peur, fais attention de ne pas te couper, mais je n'ai pas reculé, bien au contraire, j'ai fait deux pas dans les flaques de lait froid et les tessons de pot brisé, il a crié deux fois : arrête ! mais je ne voulais pas l'entendre ni comprendre ce que je faisais, j'ai fait un autre pas, j'ai senti un morceau sous la plante de mon pied et j'ai crié plus fort que je ne l'aurais voulu dans ce silence du petit matin puis je suis tombée dans ses bras et nous sommes restés là à sangloter devant la porte encore ouverte du réfrigérateur qui jetait sur nous sa lumière et son froid. Je ne savais même pas si mon pied saignait.

Rome, 18 juillet 199...

Cher Jérôme,

Je vous écris de ma chambre d'hôtel qui donne sur une petite rue où, chaque matin, un marchand s'installe avec son chariot de roses rouges qui sont comme un cadeau tombé du ciel. J'ai l'impression que ce vieil homme arrive du fond des âges, et que sa seule tâche consiste à garder vivant ce langage des fleurs si simple et si parfait. Tous les gens qui passent lui sourient ou le saluent avant de vaquer à leurs activités quotidiennes. Je le vois à l'instant, il est en train de couper le bout des tiges avec une application remplie d'amour.

Je pense à vous, j'essaie d'imaginer votre fille et les moments si importants que vous vivez ensemble. Je vous envie, vous le savez, mais cette ville éblouissante me fait oublier bien des choses, à commencer par ces palabres sur la solitude et la dépendance téléphonique qui sont maintenant choses du passé. Il y a eu de tout durant ces journées où nous avons vécu presque cloîtrés, exposés seulement aux assauts de paparazzi surexcités et aux interventions extravagantes (quoique assez prévisibles !) de quelques radicaux qui proposaient rien de moins que le harakiri en grande pompe de SOS-J'écoute, et qu'on

177

n'en parle plus. À bas l'empathie souriante ! Feu à volonté sur les âmes complaisantes et les oreilles tendues dans la nuit ! Ils s'en sont donné à cœur joie. Ainsi donc, notre travail serait malsain et à vrai dire, comment prouver le contraire puisque nous ne rencontrons jamais ceux qui nous appellent, puisqu'il n'y a jamais de suivi, comme aiment dire les spécialistes. Mais au bout du compte, le sens de la fidélité l'a emporté, et vous me permettrez de croire que ce n'est pas un mauvais choix. Alors donc, tant pis pour le suivi et les effets mesurables, le service va résolument s'en tenir à sa mission première. Car qui pourra jamais évaluer ce qui s'arrache au silence et à la mort, les minutes volées au désespoir, une seule idée d'en finir détournée de son cours ?

Pour le reste, il n'est jamais trop tard pour vivre une seconde naissance et j'en fais aujourd'hui l'expérience. Je cours d'église en église, je m'imprègne de ruines fleuries, je me délecte d'anges souriants et de saints en extase, de raffinement étrusque et de faste baroque. Connaissez-vous les Luperques ? Ils formaient une joyeuse petite secte à l'époque des grandeurs de Rome. J'ai eu l'impression de rencontrer leur procession dans les parages du mont Palatin, j'ai presque entendu le son de leurs voix, le claquement de leurs fouets en lanières de peau de chèvre. Ils fonçaient droit sur moi en riant, complètement nus, le front taché de sang, l'œil fanatique. Imaginez-moi, pourchassée par une cohorte de prêtres fous qui cherchent à me flageller, comme d'ailleurs toutes les femmes se trouvant sur leur route ! Saviez-vous qu'un tel déploiement se voulait porteur de fécondité ? C'était bien sûr un mauvais cauchemar, un de ces délires aux relents de magie noire que distille l'air romain. Dans les ruines du Colisée, on est encore censé entendre le rugissement obscène de la foule assoiffée de combats. J'ai vu une procession religieuse en mémoire des chrétiens baptisés dans le sang, puis j'ai pensé à vous en observant tous ces mariés du samedi qui venaient poser sous les arcades et s'enlacer langoureusement sur de vieilles pierres tandis que leur photographe étudiait le meilleur angle et cherchait à écarter les curieux penchés sur les traînes de dentelle et les longs voiles de tulles.

Je repars vers le Vatican, et je saluerai au passage mon marchand de roses qui semble plein d'amabilité avec les femmes. J'ai hâte de connaître Léa. J'espère que nous pourrons passer quelques bons moments ensemble avant qu'elle reparte.

Amitiés,

Jeanne.

C'était quand même une drôle de sensation que de se retrouver seule chez lui, dans les lieux même où il vivait, si l'on pouvait dire. Du bout des doigts, Léa effleura le petit mobile aux mouettes blanches suspendu devant la fenêtre de sa chambre : les petits sons carillonnants semblaient tomber d'un autre monde, plus clair et plus proche de l'enfance que celui-ci. Des gouttes d'eau dans un bassin quand on est penchée sous le marbre blanc des Trois Grâces, des bruits de cuiller qu'une enfant fait contre son verre. Aimait-il donc les oiseaux, ou bien les cloches ? Tout ce qu'il y avait en lui d'invisible, elle ne pouvait pas le mesurer, ni même s'en approcher. Elle avait vécu sur une autre rive que la sienne : elle devait lui être opaque autant que lui l'était à ses yeux à elle, avec seulement cette vague réminiscence physique, enfouie dans quelques traits et peut-être quelques usages ayant résisté au temps et aux leçons apprises.

Sur sa commode, il y avait deux appareils photo, elle prit le polaroïd et regarda dans l'objectif en se disant qu'il avait fait la même chose des centaines, des milliers de fois. Toutes ces photos dans l'autre chambre, quelle drôle de façon de conserver le temps, de marquer les jours un à un. Avec celles qui se trouvaient dans les albums, il y en aurait eu assez pour faire une exposition assez étonnante, pensait-elle, où ce qu'il y avait d'un peu maniaque dans ces photos quotidiennes aurait pris une autre signification.

Elle se demanda où il était allé, probablement pas très loin, juste le temps de digérer la colère qu'elle avait déversée contre lui, torrentielle, plus forte que tous les bons sentiments et tous les papa-je-t'aime-bien-quand-même. Il avait souri, la première fois qu'elle avait dit *merde*, en remarquant qu'elle le disait exactement comme Arlette. Mais vraiment, elle n'entendait plus à rire, ni à propos de sa mère, ni de quoi que ce soit d'autre. Depuis la veille, depuis le pot de lait brisé et les sanglots lamentables, elle en avait gros sur le cœur contre lui, et un peu plus, elle aurait joué les bagarreuses, l'aurait pris par les épaules et cogné furieusement contre le mur, et le mur lui-même, elle l'aurait mis en lambeaux, en arrachant tout ce qu'elle aurait pu en arracher, de ses ongles un peu trop longs et aiguisés. Tu en veux du sang latin, tu vas en avoir, oui, avoue que tu en as peur de ces ongles, avoue-le, Jérôme Roy, regarde bien cette cicatrice que j'ai au menton, par la grâce de ma mère qui devait conduire les yeux fermés ce jour-là sur le gai chemin d'Aigues-Mortes, regarde bien cette marque rose devenue avec le temps une simple égratignure, le coup de griffe d'un chat, et dis-toi que ce que je pourrais te faire serait bien pire. Défiguré, le photographe Jérôme Roy, pour des raisons obscures, un drame de famille comme on dit, une histoire vraiment bouleversante comme on n'en fait plus, la fille débarquée de France, le père indigne, enterré vivant, stoïque dans une douleur restée là comme une habitude, comme une jambe amputée qui continue à élancer, oui stoïque comme on dit dans les beaux récits qui veulent remuer l'âme et ennoblir l'homme et que je n'écrirai pas dans cette vie, sauf que cela finit en réalité par vous déraciner l'homme en question, à vous le « fantômiser » au delà de toute mesure, ombre d'une ombre traversant les jours et les saisons comme si de rien n'était, en sauvant les apparences et avec juste ce qu'il faut de pitié de soi dans les yeux pour attirer celle des autres.

Elle l'avait vu devant elle, appuyé au mur tapissé de ses photos imbéciles, la tête à la hauteur du mois de mars, cachant à moitié l'image d'une dernière tempête de neige, attendait-il donc qu'elle le sauve, qu'elle lui apporte ce qu'il n'avait pas su trouver en lui-même, elle qui avait sa propre peau à sauver ? Elle s'était retenue, il s'était dégagé d'elle et avait disparu en claquant la porte, l'abandonnant à sa rage. Elle avait tourné en rond pendant quelques instants, ne sachant à quel saint se vouer, avant de se précipiter dans les toilettes et vomir, puis elle était restée là, dans ce noir qu'elle connaissait si bien, à tendre l'oreille au cas où il rentrerait. Mais non, aucun bruit sauf ceux qui venaient de l'extérieur et qui pour elle étaient encore neufs, ces mêmes chants d'oiseaux dans les arbres, ces voix d'enfants qui parlaient français avec un drôle d'accent, et anglais, et d'autres langues encore qu'elle ne connaissait pas. Elle alla jeter un coup d'œil sur le palier, au cas où il serait demeuré assis sur les marches, à ruminer son mal, elle s'entendit l'appeler par son prénom : Jérôme !, et c'était comme si elle avait crié dans un gouffre tellement la cage d'escalier était sombre et profonde et amplifiait sa voix, et sûrement qu'on l'avait entendue, de haut en bas, même si un grand nombre de voisins ne devaient pas y être à cette heure-ci, sûrement que la concierge au moins avait

183

entendu son cri, cette grande femme à la peau noire et au regard généreux qu'elle avait croisée avec son père à deux ou trois reprises et qui semblait du genre à se mêler de bien des choses. Mais la cage d'escalier resta muette et Léa referma aussitôt la porte pour ne pas être vue.

L'appartement la déprimait, elle s'y trouvait comme prise au piège, engluée dans son passé à lui (au delà de toutes ces images, de cette mauvaise machine à conserver le temps : quelque chose d'impalpable qu'elle ne parvenait pas à définir, une atmosphère dépouillée qui ne disait rien de bon), et comme pour penser à autre chose elle alla faire couler les robinets de la baignoire, elle éparpilla ses vêtements dans sa chambre puis s'allongea dans l'eau fumante, chaude à lui peler la peau, à la limite du tolérable, elle aurait voulu ne plus penser à lui, seulement à sa peau qui brûlait, à ce plaisir de s'allonger dans une baignoire quand elle n'avait chez sa mère qu'une douche ridicule, plutôt que de macérer dans cette journée mauvaise qui lui faisait regretter d'être venue, alors qu'elle avait cru que chaque chose tomberait à sa place, que c'était tout simple de commencer par le commencement, et que retrouver les lieux dont elle ne pouvait pas même avoir mémoire allait la soulager de cette menace qu'elle sentait peser sur elle depuis son arrivée.

Et tandis que ses pieds et ses mains clapotaient dans l'eau de la baignoire, elle continuait maintenant à tendre l'oreille vers la porte en pensant : « Reviens, reviens ! »

* * *

Il marchait depuis le matin, il avait froid à cause du vent qui pourtant venait du sud. Rose des vents, fleur de l'espace, oh ! qu'un seul homme se lève en ton centre pour fleurir avec toi ! Il marchait et se parlait à haute voix, de sorte que les gens qu'il croisait détournaient le regard avec gêne et devaient, pensait-il, se retourner sur son passage, il sentait leurs yeux derrière lui, comme de fines aiguilles qui lui pénétraient le dos. La ville était sale, il y avait des papiers partout, des excréments de chien, des bouts de ficelle, des taches d'huile au bord des trottoirs. Il passa devant une école : morte, vacante, mais des chants d'écoliers y résonnaient quand même parce qu'il y a des jours où plus rien n'est à sa place, où tout vacille et se souvient. S'il était jamais venu ici, c'était dans une autre vie, bien antérieure à celle-ci, dans le désert de son adolescence, mais aucun trajet ne lui importait plus, il sentait seulement le mouvement irrésistible de ses jambes et ses propres paroles qui lui chatouillaient le bout de la langue et sortaient de temps à autre dans un registre en dents de scie, avec des creux caverneux et des haussements dans l'aigu, ou parfois comme des crachats qu'il interrompait aussitôt parce qu'il lui restait un semblant de tenue. De temps à autre il chantonnait, il lui semblait que son répertoire de chansons vieillottes était soudain devenu inépuisable. Sa main gauche glissait contre les portières des voitures garées, sa main droite se balançait dans le vide, puis il se rendit compte tout à coup qu'il longeait une file de taxis rangés devant une station de métro, il pensa logiquement à Carl Cherenfant, le mari de la concierge, il le chercha parmi le groupe qui riait aux éclats au bord du trottoir mais ces hommes-là lui étaient inconnus, ils avaient tous un visage indéchiffrable, et lorsqu'il fut arrivé à leur hauteur, il en toucha un à l'épaule du bout des doigts et lui fit signe qu'il désirait monter, il fut un instant absorbé par le blanc des yeux de cet homme, un blanc tout rempli de petits vaisseaux sanguins au bord de l'éclatement, puis il vit un autre chauffeur s'approcher et lui indiquer la voiture dans laquelle il devait prendre place et il se dit que c'était mieux ainsi, s'enfoncer sur la banquette arrière et se laisser conduire vers une destination qui n'en était pas une, ce n'était pas une adresse, ça, essayait d'objecter le chauffeur, mais qu'est-ce que cela pouvait lui faire s'il était payé au taux prévu par le taximètre au bout du parcours, et ainsi donc ils roulaient dans des quartiers que depuis des années-lumière il n'avait plus fréquentés, des quartiers que les papiers épars de Marc Melville n'avaient sans doute jamais atteints et que Léa ne verrait pas parce qu'ils n'avaient rien à offrir de particulier, rien que des façades en brique interrompues de temps à autre par des vitrines de dépanneurs, puis de loin il aperçut le pont qui paraissait s'appuyer sur les immeubles, parfaitement féminin tout à coup, comme un élan de jupes restées en vol, un saut de danseuse en plein ciel, mais bientôt il cessa de le voir sous cet angle, ils empruntèrent une nouvelle rue qui descendait et qui les faisait accélérer puis ils furent sur le pont lui-même qu'ils traversèrent sur ses ordres dans un sens puis dans l'autre, tournoyant dans les boucles de l'échangeur à l'autre extrémité puis survolant à nouveau les îles dans le fleuve, avec leur parc de manèges vertigineux où des gens devaient à cet instant hurler la tête en bas et le cœur à l'envers, avec à gauche la boule parfaite de la biosphère qui flottait parmi les arbres comme un immortel souvenir de l'Exposition, puis ce fut la ville étalée dans sa lumière d'aluminium et de verre, et avant même d'y atterrir en pente douce il annonça au chauffeur éberlué qu'il lui faudrait encore une fois faire demi-tour et s'engager sur le pont, il dut promettre que c'était la dernière fois et qu'il allait descendre à l'entrée des îles, et quand il paya finalement, il vit l'homme qui l'avait conduit hocher la tête avant de démarrer à toute vitesse comme pour sauver sa peau, suivi de près par un camion lourd dont la benne laissait tomber des cascades de petits cailloux qui rebondissaient dans tous les sens et paraissaient vivants.

* * *

Sous le trottoir qui tremble, le fleuve va à la mer. Quelque part une cloche, venue d'une église ou d'un bateau qui remonte vers le port. Dans les hauteurs du vent, c'est cette cloche qui l'emporte sur tout, ce chant d'alerte ou de piété, mais dans l'île très verte aux arbres qui font houle, houle, dans les courants frais de leur ombre, tout paraît au repos, on n'y trouvera rien qu'un peu plus de froid, le froid qui est comme un ruisseau dans la chaleur et qu'on goûte en frissonnant au plus fort de la canicule quand on a la fièvre. Il descend sur le pont transversal qui débouche sur l'île, son bras frôle le garde-fou rouillé, s'il y posait les mains il sentirait l'infime vibration des humains qui passent là-haut, d'une rive à l'autre, mais il n'y pose pas les mains, il s'aventure dans le premier sentier qui s'offre à lui, il débouche au bord d'un étang qu'il avait oublié, un lieu idyllique avec une passerelle en bois, des pierres qui affleurent sur l'eau et un banc où il ferait bon s'asseoir. Léa ! Léa qui est restée là-bas, toute seule dans son appartement, dans ses objets et ses images à lui, parmi les formes bizarres qu'a prises son extrême solitude. Qu'est-ce qu'elle fait à cet instant ? Il la voit qui s'avance dans les pièces lumineuses, d'un pas léger qui ne veut pas faire de bruit, et il en éprouve une immense mélancolie.

Au bout du sentier, un chemin asphalté qui longe le fleuve, il y marche sans se préoccuper d'une voiture isolée qui klaxonne deux ou trois fois dans son dos et le double, il parvient à un autre pont (il y en a donc partout !), il tourne à gauche sur celui qui enjambe un nouveau bras du fleuve vers l'île jumelle où se profile au loin un des rares pavillons qui restent, cet espèce de coq gaulois hérissé d'acier qu'il a si bien connu, ou ce paquebot bancal échoué sur un banc de sable, tout autour il y a maintenant des fleurs à perte de vue, des familles de cactus, des jardins anglais, des massifs de flore alpine, séparés par des canaux où des enfants avironnent ou font clapoter furieusement les palles de leur pédalo. À l'angle des allées, il y a ici et là des téléphones publics qui paraissent peu utilisés. Quand on pianote le numéro désiré sur le clavier, on entend des notes musicales qui correspondent aux touches, de sorte que chaque numéro a sa mélodie. Il compose son propre numéro, il entend sa petite musique mais au bout du fil personne ne répond. Il laisse sonner très longtemps, et chaque coup lui paraît plus long et plus espacé du précédent, on ne sait pas jusqu'à quand cela pourrait durer, s'il y a une limite à une telle répétition ou si elle n'a tout simplement pas été prévue parmi les comportements possibles, plus ou moins sensés ou égarés, des utilisateurs.

Montréal, le 28 juillet 199...

Chère maman,

Tu le sais déjà par mon appel où j'ai si mal dit ce que j'avais à dire, où j'ai peiné et bafouillé à m'en mordre la langue sans jamais parvenir à retrouver le fil : plus question, donc, que je puisse rentrer à la date prévue ni même, j'en ai peur, dans un proche avenir. Les derniers jours ont pris l'allure d'un cauchemar et le grand problème est de savoir s'il peut sortir du bon de tout ça. Je pense à tes tableaux, au travail que je t'ai vue faire tant de fois dans le noir, à tout l'espoir que je te voyais y mettre. Mais est-il possible que le noir parfois ne produise rien, qu'il se referme comme une huître sur des perles qu'on ne verra jamais ? Quelque chose de ma jeunesse s'est perdu ici, et peut-être y suis-je venue (sans le prévoir) simplement pour vieillir un peu. Et pourtant, je sais bien que tout pourrait être mille fois pire.

Il me semble réentendre la porte qui claque le matin où il est sorti, me laissant seule et désemparée au beau milieu de son appartement. Puis le temps qui passe, l'attente qui se creuse, l'inquiétude qui fait mal au ventre. J'avais cru le voir réapparaître au bout d'une

189

heure tout au plus, il se serait rafraîchi les esprits, je me serais excusée d'avoir été trop dure avec lui. Mais rien, personne, aucun signe de vie. J'allais de temps à autre sur le palier pour tendre l'oreille, puis je suis descendue, j'ai vu la porte au rez-de-chaussée marquée « concierge » et j'ai frappé. La veille, il m'avait présentée à cette femme d'origine antillaise et il m'en avait dit du bien, tout en m'avertissant qu'elle pouvait être assez indiscrète. Quand elle m'a répondu ce matin-là, elle a paru très heureuse de me reconnaître, son visage s'est illuminé comme si j'étais une vieille connaissance, mais elle n'a rien pu pour moi, sinon tenter de me rassurer en me disant que le comportement de mon père n'avait jamais rien eu d'étrange et qu'il allait sans doute rentrer d'un moment à l'autre.

Et pourtant il ne rentrait pas et c'est moi qui suis sortie finalement, poussée par une angoisse folle qui m'a fait aller et venir dans le plus grand désordre, montant telle rue pour en redescendre une autre, faisant dix fois le tour du parc en croyant toujours l'apercevoir au loin, affalé sur un banc, debout sous un arbre, couché sur un talus, mais ce n'était jamais lui. À quelques reprises, je suis allée buter contre la porte close de son studio où il n'y avait pas âme qui vive, aucun signe de son passage récent. Les visages souriants exposés dans la vitrine semblaient me narguer, je repartais chaque fois plus hébétée vers l'appartement en me disant que je n'aurais jamais dû m'en éloigner. Mais passer ma journée à l'attendre était au-dessus de mes forces. Vers la fin de l'après-midi, je me suis trouvée ici par chance, juste au moment où le téléphone sonnait. J'ai sursauté, je crois bien que j'étais trop nerveuse pour vraiment comprendre ce qui arrivait. Quoi qu'il en soit, on l'avait retrouvé, assis sur le trottoir du pont de la Concorde, épuisé,

délirant, peut-être sur le point de commettre l'irré-
parable. C'est un cycliste plus compatissant que les
autres qui avait alerté la police. À présent, on m'annonçait qu'il se trouvait en observation à l'hôpital, on parlait
d'épuisement nerveux. J'ai pris un taxi en vitesse,
oubliant même de verrouiller la porte derrière moi (je ne
m'en suis rendu compte qu'au retour).

Il se trouvait à mi-couloir dans une chambre où il
y avait deux lits, l'autre étant inoccupé, tout raide dans
ses draps tendus, immaculés. Il était couché, les yeux
clos, avec un tube fiché dans l'avant-bras versant goutte
à goutte un liquide incolore. Je ne l'avais jamais vu dans
cette position et j'ai eu du mal à le reconnaître. Ma main
s'est posée doucement sur la peau tendre de son avant-
bras, il a eu un léger soubresaut, une sorte de frisson,
mais ce n'est qu'au bout de quelques instants que ses
yeux se sont ouverts et qu'il a murmuré en souriant :
« Ah ! c'est toi !... », et j'ai compris qu'il était heureux
comme au retour d'un long voyage quand on retrouve
une présence familière. Il a dit, comme s'il était surpris
lui-même : « Tu as bien failli ne jamais me revoir », et
nul doute que c'était vrai, qu'il avait vraiment voulu en
finir mais qu'au dernier instant quelque chose l'en avait
retenu, le sentiment de sa propre intégrité, l'inconcevable désespoir dans lequel il m'aurait laissée, et peut-
être aussi cette peur naturelle qu'on a de sauter dans la
mort, du haut d'un pont. Je regardais son avant-bras que
touchaient mes doigts, avec ses réseaux de veines bleues
d'apparence si fragile, je plongeais au fond de ses yeux
gris vert, un peu creusés sous son front parcouru de rides
inégales, je sentais mieux que je ne l'avais jamais senti la
menace qui pesait sur lui, venue du dedans, obscure,
insensée, peut-être imaginaire, mais j'étais prête à tout

pour qu'elle n'ait pas raison de lui, je concevais très bien de vivre avec ses silences, ses mystères, ses manies, avec sans doute l'espoir à peine avoué de les changer imperceptiblement, à force de temps et de courage. Travailler, oh ! naïve Léa, à la lente transformation de mon père, le détourner de tout ce noir qui l'habitait, faute de quoi c'en était fini, je rentrais chez moi, je le laissais piquer du nez, mettre le feu aux meubles et s'abolir dans le néant. Le plus curieux, c'est que je ne percevais plus cela comme une œuvre de bienfaisance, comme un secours apporté par pitié, mais comme le sens même de mon voyage et comme une sorte d'élan (peut-être maladroit et juvénile) vers la beauté, celle des choses simples partagées au jour le jour, celle qui fait chercher dans l'infiniment petit la clé des existences et l'intelligence des hommes.

Je t'imagine déjà, chère mère, avec un point d'interrogation sur la tête, n'en croyant pas tes yeux, cherchant à me faire entendre raison. Accorde-moi un délai, je t'en prie. Considère aussi que j'ai des tas de choses à apprendre ici et que je peux fort bien y poursuivre temporairement des études. Tôt ou tard, je te reviendrai, même si je ne serai sans doute plus tout à fait la même.

Pour conclure, il a obtenu son congé avant-hier, il est de retour ici mais je ne saurais être sûre de son état. J'ai parfois l'impression curieuse de me trouver maintenant presque chez moi et que c'est lui, l'étranger. Je me demande si tu as eu ce sentiment à l'époque où tu vivais avec lui, ou si cela lui est arrivé plus tard. Mais comment savoir si une personne a changé ou si elle n'a fait que digérer les événements pour faire d'eux sa propre substance, qui sait même si ce n'est pas toujours un peu ceci qui arrive ?

Nous avons eu aujourd'hui la visite d'une amie à lui, une femme d'un certain âge qui rentre d'un voyage en Italie. Elle avait mille choses à raconter, son exubérance nous a fait du bien. Elle a dit des choses assez drôles sur « l'ère des télécommunications » (elle fait de l'écoute téléphonique pour personnes en détresse) et elle rapportait de Rome des images somptueuses et un vent de douce folie. Elle avait pour nous de petits souvenirs sans conséquence. Il me semble que la présence dans les parages de cette femme, qui s'appelle Jeanne, nous portera chance. Le destin, comme elle dit, a fait en sorte qu'elle n'a jamais eu de fille, et cela explique sans doute l'affection spontanée qu'elle semble avoir à mon endroit.

De temps à autre, je feuillette le petit livre qu'elle avait laissé pour moi à mon père (sans même me connaître !) juste avant de partir. C'est un livre sur les lieux, une collection de textes rédigés par des écrivains sur leur paysage de prédilection, celui où ils souhaiteraient vivre pour de bon et où ils s'imagineraient volontiers mourir. D'une vallée perdue d'un petit pays des Antilles à un bord de lac dans les Laurentides, juste au nord d'ici, la variété et l'éloquence ne manquent pas. Papa m'a dit l'autre jour qu'il ne pourrait pas répondre à une telle question, qu'il aimerait plutôt le chercher, lui, son paysage de prédilection. Il a parlé d'un voyage que nous pourrions faire ensemble, il dit qu'il en rêve depuis que je suis toute petite, mais je ne saurais dire si ce départ aura lieu ni quand, peut-être cet automne ou même cet hiver, bien qu'il soit sans doute difficile ici de voyager en hiver.

À bientôt, je t'embrasse,

Léa.

AUTRES TITRES AU CATALOGUE DU BORÉAL

Emmanuel Aquin, *Incarnations*
Emmanuel Aquin, *Désincarnations*
Emmanuel Aquin, *Réincarnations*
Denys Arcand, *Le Déclin de l'empire américain*
Denys Arcand, *Jésus de Montréal*
Gilles Archambault, *À voix basse*
Gilles Archambault, *L'Obsédante Obèse et autres agressions*
Gilles Archambault, *Les Choses d'un jour*
Gilles Archambault, *Enfances lointaines*
Manon Barbeau, *Merlyne*
Julien Bigras, *Ma vie, ma folie*
Lise Bissonnette, *Marie suivait l'été*
Marie-Claire Blais, *Une saison dans la vie d'Emmanuel*
Réjane Bougé, *L'Amour cannibale*
Jacques Brault, *Agonie*
Ralph Burdman, *Tête-à-tête*
Louis Caron, *Le Canard de bois. Les Fils de la liberté I*
Louis Caron, *La Corne de brume. Les Fils de la liberté II*
Louis Caron, *Le Coup de poing. Les Fils de la liberté III*
Louis Caron, *Racontages*
Claude Charron, *Probablement l'Espagne*
Lyse Desroches, *La Vie privée*
Paule Doyon, *Le Bout du monde*
Louisette Dussault, *Môman*
Gloria Escomel, *Pièges*
Madeleine Ferron, *Un singulier amour*

Marco Micone, *Le Figuier enchanté*
Pierre Nepveu, *L'Hiver de Mira Christophe*
Michael Ondaatje, *Le Blues de Buddy Bolden*
Fernand Ouellette, *Lucie ou un midi en novembre*
Nathalie Petrowski, *Il restera toujours le Nebraska*
Raymond Plante, *Avec l'été*
Jean-Marie Poupart, *Beaux Draps*
Jean-Marie Poupart, *La Semaine du contrat*
Jean-Marie Poupart, *L'Accident du rang Saint-Roch*
André Pronovost, *Appalaches*
Bruno Ramirez et Paul Tana, *La Sarrasine*
Yvon Rivard, *Les Silences du corbeau*
Heather Robertson, *L'homme qui se croyait aimé*
Alain Roy, *Quoi mettre dans sa valise?*
Gabrielle Roy, *De quoi t'ennuies-tu Éveline?* suivi de *Ély! Ély! Ély!*
Gabrielle Roy, *La Détresse et l'Enchantement*
Gabrielle Roy, *Ma chère petite sœur*
Joseph Rudel-Tessier, *Roquelune*
Jacques Savoie, *Les Portes tournantes*
Jacques Savoie, *Le Récif du Prince*
Jacques Savoie, *Une histoire de cœur*
Éric Simon, *L'Amoureux cosmique*
Christiane Teasdale, *À propos de l'amour*
Marie José Thériault, *Les Demoiselles de Numidie*
Marie José Thériault, *L'Envoleur de chevaux*
Dalton Trumbo, *Johnny s'en va-t-en guerre*
Pierre Turgeon, *Le Bateau d'Hitler*
Serge Viau, *Baie des Anges*
Claude-Emmanuelle Yance, *Alchimie de la douleur*

Dans la collection «Boréal compact»

Typographie et mise en pages:
Les Éditions du Boréal

Achevé d'imprimer en août 1992
sur les presses de l'Imprimerie Marquis
à Montmagny, Québec